湖南省社会科学普及读物出版资助项目

◎湖南文理学院知识产权中心成果

◎湖南文理学院电子商务及法律专业配套教材

◎洞庭湖生态经济区建设与发展湖南省协同创新中心知识产权研究所成果

知识产权典型案例评析

孙进 王翀 主编

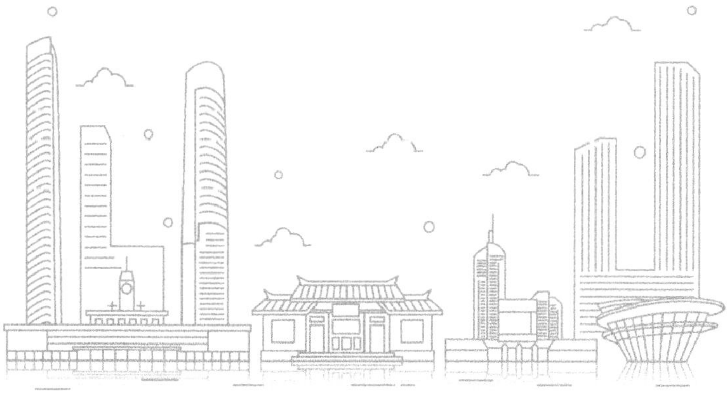

知识产权出版社
全国百佳图书出版单位
—北京—

图书在版编目（CIP）数据

知识产权典型案例评析/孙进，王翀主编. —北京：知识产权出版社，2019.12（2021.1重印）

ISBN 978-7-5130-6655-6

Ⅰ.①知… Ⅱ.①孙… ②王… Ⅲ.①知识产权法—案例—中国 Ⅳ.①D923.405

中国版本图书馆CIP数据核字（2019）第283982号

内容提要

本书包括专利、商标、版权、地理标志以及反不正当竞争5个类别30件典型案例，通过案例的现实状况、冲突影响、解决冲突的相关制度与规则和专家的点评，为读者提供借鉴的经验或教训。

责任编辑：栾晓航　　**责任校对**：谷　洋

封面设计：臧　磊　　**责任印制**：孙婷婷

知识产权典型案例评析

孙进　王翀　主编

出版发行：知识产权出版社有限责任公司	网　　址：http://www.ipph.cn
社　　址：北京市海淀区气象路50号院	邮　　编：100081
责编电话：010-82000860转8382	责编邮箱：luanxiaohang@cnipr.com
发行电话：010-82000860转8101/8102	发行传真：010-82000893/82005070/82000270
印　　刷：北京虎彩文化传播有限公司	经　　销：各大网上书店、新华书店及相关专业书店
开　　本：720mm×1000mm　1/16	印　　张：9
版　　次：2019年12月第1版	印　　次：2021年1月第2次印刷
字　　数：146千字	定　　价：42.00元

ISBN 978-7-5130-6655-6

前言 \ FOREWORD

习近平总书记指出："一个没有发达的自然科学的国家不可能走在世界前列，一个没有繁荣的哲学社会科学的国家也不可能走在世界前列。"哲学社会科学是人们认识世界、改造世界的重要工具，是推动历史发展和社会进步的重要力量。社会科学的宣传和普及，是倡导科学方法、传播科学思想、弘扬科学精神的重要方式，是繁荣社会科学、提高公众社会科学文化素质、促进人与社会全面发展的客观需要。近年来，湖南社会科学普及工作不断深化，成效显著，通过建立社科普及基地、举办社科普及讲坛、开展社科普及主题活动周及系列特色活动、推荐与资助优秀社科普及读物创作、建设社科普及志愿者队伍等，在提升公众社会科学文化素质、推动社会科学发展方面发挥了积极的作用。

中国特色社会主义进入了新时代。一方面，我国社会主要矛盾已经转化为人民日益增长的美好生活需要和不平衡不充分的发展之间的矛盾。人民日益增长的美好生活需要，极大地体现在人们对文化、精神领域有了更高的追求。另一方面，面对社会思想观念和价值取向日趋纷繁、主流和非主流同时共存、社会思潮纷纭激荡的新形势，如何巩固马克思主义在意识形态领域的指导地位，培育和践行社会主义核心价值观，巩固全党全国各族人民团结奋斗的共同思想基础，迫切需要哲学社会科学更好地发挥作用。在这个背景之下，社会科学普及工作者应自觉担负起历史使命和时代责任，充分运用"社会科学普及+"思维，创新社会科学普及形式，在丰富人民群众精神文化生活的同时，对人民群众进行科学的教育、引导，提高人民群众的人文社科素养。

面对新形势、新任务，湖南省社会科学界联合会、湖南省社会科学普及宣传活动组委会办公室贯彻落实《湖南省社会科学普及条例》，开展湖南省社会科学普及读物出版资助项目，面向在湘工作的社会科学工作者征集未公开出版的社会科学普及优秀作品，对获得立项的优秀作品进行资助出版。其目的就是激发广大社会科学工作者的创作热情，推出更多更优秀的社会科学普及作品，把“大道理”变成“小故事”，把“学术语言”转化成“群众语言”，把“普通话”和“地方话”结合起来，真正让党的理论政策鲜活起来，让社会科学知识生动起来，让社会科学普及工作“成风化人、凝心聚力”，为建设富饶美丽幸福新湖南、实现中华民族伟大复兴的中国梦凝聚强大的正能量。

湖南省社会科学界联合会

湖南省社会科学普及宣传活动组委会办公室

2020 年 9 月

序 \PREFACE

长沙知识产权界做了一件具有重要意义并将产生重大影响的事情：由长沙市知识产权局，长沙发明协会、长沙市知识产权保护协会承办征集知识产权典型案例。这次活动由知识产权行政管理部门、司法机关、中介组织以及事业单位推荐，交组委会初步筛选，经专家团评审，最终筛选了30件长沙知识产权保护典型案例编录成集。

这批案例具有典型性、普遍适用性、专业性和导向性，将其推荐和征集、公示和宣传后，将会产生积极而广泛的社会影响力：(1) 总结保护工作经验，促进保护标准统一。典型案例的处理结果和生效文书所涉法律问题具有明显的规则指引作用，可以发挥案例引证制度的指导性约束，为司法裁判和行政执法的说理性论证提供相应论据，有助于统一知识产权保护尺度，提高知识产权保护水平。(2) 服务权利人法律需求，警示侵权人非法行为。典型案例在同类案件中具有以案说法的示范功能，能够告诉权利人如何确权、用权、维权，尽可能满足智力成果创造人获取知识产权保护的诉求；同时，通过对民事、行政、刑事法律责任的宣示，对侵权人进行威慑和告诫，哪些行为不可为，如有为之的后果。(3) 加强舆论指引，普及法律知识。典型案例是为本地区普遍关注的重大知识产权案件，涉及专利、商标、版权等重要领域以及其他特定领域，将科技创新、文化发展、产业运营中的知识产权问题，呈现在社会公众面前，使大家对知识产权看得懂、用得上，是生活、工作和社会交往中的“读本供给”。(4) 推动理论研究创新，促进法律制度完善。典型案例涉及知识产权保护中的诸多疑点、难题，包括侵权行为认定、损害赔偿计算等。这些问题的探讨，一方面可以起到判例与学说的良性互动，让理论创新走向法治实践；另一方面也可以通过判例维系法律的生命力，使其成为实践中的法律。同时通过判例弥补法律漏洞，使其成为变动中的法律。

知识产权保护经典案例的征集，是通过知识产权运用和保护以支撑长沙市创建国家中心城市的一大行动。通过上述活动，能够总结长沙知识产权保护工作的典型经验，加强长沙知识产权保护与舆论引导，起到服务发展大局、服务创造主体的积极作用，值得肯定和推广。

是为序。

2019年12月13日

（吴汉东，中南财经政法大学资深教授、教育部社会科学委员会法学学部委员、国家知识产权专家咨询委员会委员、最高人民法院知识产权司法保护中心学术委员会副主任）

目录 \CONTENTS

案例 1

长沙诺美网络技术有限公司与云南某果业有限公司、新平某果品有限公司发明专利权权属、侵权纠纷及专利无效案

◉ 推荐单位：湖南大学专利服务中心

【案例导读】

本案是湖南省知识产权移动互联网领域二十年来第一案。在当前国家大力推进“互联网+知识产权保护”的形势下，该案具有较强的导向性。

随着二维码技术的成熟，二维码扫描广泛应用于各种生活场景，如扫码购物支付、扫码乘车等。扫描二维码识别信息还广泛应用于商品的追溯和防伪，如茅台酒集团开发的使用于飞天系列产品上的二维码防伪系统。案中长沙诺美网络技术有限公司发明的一种基于通信网络特别是利用手机对市场上高档商品进行防伪验证的方法，获得了专利授权，该专利有着广泛的应用空间和市场需求。

案中长沙诺美网络技术有限公司在遭遇侵权后，一直坚定维护自身权

益，尽管维权道路坎坷，权利人先后经历专利权转让后受让人的权利行使及主体资格判定、专利权利要求书的保护范围判定、共同侵权及第三人侵权责任判定、现有技术和在先权的抗辩、专利权的无效宣告程序、专利权的稳定性对诉讼结果的影响、高质量专利申请文件与高价值专利的关系等诸多程序，通过法院一审、二审，最终制止了侵权行为，获得了相应的赔偿。

（编辑：王　翀）

【案情介绍】

原告：长沙国家高新技术产业开发区湖大科园诺美网络技术有限公司（以下简称“湖大诺美公司”），是本案发明专利权人，主营业务：从事网络技术、通信技术的研发及相关咨询服务。

被告一：新平某果品有限公司，主营业务：从事果林种植、销售、禽畜饲养、自产品的销售。

被告二：云南某果业有限公司，主营业务：水果种植、销售、牧畜、家禽饲养、销售。

第三人：某认证有限公司，是本案侵权行为涉案产品二维码防伪验证技术服务商，主营业务：从事商品认证、验证防伪技术及综合实验室服务。

原告湖大诺美公司诉求：（1）判令两被告立即停止侵犯原告专利权；（2）判令两被告赔偿原告损失500万元；（3）判令两被告承担本案的诉讼费用。

被告一、被告二及第三人一致抗辩理由：（1）原告所诉的二维码由第三人某认证有限公司提供，由案外人淘宝网店销售，与被告无关联；（2）某橙二维码技术未落入原告专利的保护范围；（3）某橙二维码技术使用的是公知技术，并广泛使用；（4）某橙二维码技术某认证有限公司早在2005年就已经实际运用，使用在先；（5）新平某果品有限公司即便涉嫌侵权，其具备合法来源，不应承担任何赔偿责任；（6）云南某果业有限公司在本案中没有任何证据证明有侵权行为；（7）原告主张的赔偿金额500万元明显不合理，没有任何依据；(8) 原告取得专利权时间为2014年12月8日，无权主张之前的行为。综上所述，请求法庭依法驳回原告全部诉讼请求。

湖大诺美公司与诺美网讯应用技术有限公司（以下简称“诺美网讯公司”）联合湖南大学及国家超级计算长沙中心共同成功研发出基于通信网络终端对商品进行防伪验证的技术及相应的系统和设备。诺美网讯公司于2011年先后分别向美国和中国专利行政管理部门申请“基于通信网络的防伪验证方法及系统”的发明专利，2014年先后分别获得美国专利权和中国专利权。2014年12月8日诺美网讯公司将该技术的中国专利权转让给湖大诺美公司。

2014年，湖大诺美公司员工发现在市场和互联网上出现一种叫“某橙”牌子的橙子很畅销，在购买品尝过程中发现其产品包装箱上使用的二维码追溯防伪验证技术及方法与公司研发销售的商品防伪验证技术发明专利极其相似，在取证公证、专利侵权分析后于2015年4月26日向长沙市中级人民法院起诉“某橙”橙子产品的生产商新平某果品有限公司和销售商云南某果业有限公司侵犯其发明专利权。在法院审查中裁定追加给“某橙”橙子产品包装箱提供防伪验证技术的某认证有限公司为无独立请求权第三人参加诉讼。

一审法院就双方的以下主要争议点进行判定：(1) 原告是否为本案的适格主体？ (2) 被诉侵权技术方案是否落入原告专利权的保护范围？(3) 两被告及第三人实施行为的认定。(4) 关于两被告及第三人主张的现有技术抗辩。(5) 被告新平某果品有限公司及第三人认证公司主张的在先权抗辩是否成立？(6) 行为的定性及责任的承担。针对以上争议问题，一审法院审理认为：湖大诺美公司主体适格，被诉侵权技术方案落入原告专利权利要求1和7的保护范围，新平某果品有限公司实施了侵权行为，但云南某果业有限公司并无证据证明实施侵权行为，加之原告不追究第三人认证公司的侵权责任，不予认定现有技术及在先使用的抗辩，判定原告新平某果品有限公司侵权行为成立，应承担相关赔偿责任。

2017年6月，经一审法院审理判决：新平某果品有限公司立即停止使用侵害湖大诺美公司“基于通信网络的防伪验证方法及系统”发明专利权，新平某果品有限公司赔偿湖大诺美公司经济损失50万元。

在法院一审期间，2016年9月，新平某果品有限公司向国家专利复审委员会提出湖大诺美公司的本案发明专利权无效宣告的请求，经国家专利复审委员会审理，2017年2月，国家专利复审委裁定维持湖大诺美公司发明专利权全部有效。

2017年8月，新平某果品有限公司向湖南省高级人民法院提出上诉，二审法院审理中主持调解，出于尽快解决本纠纷和促进合作的目的，共同商定由认证公司补偿湖大诺美公司赔偿款，各方在将来应相互尊重对方知识产权。

（案情撰写：周　欢）

【评委点评】

此案的焦点主要集中在以下六个方面：

一、本案中关于原告是否为适格主体

根据《中华人民共和国专利法》（以下简称《专利法》。本书下文所涉有关法律均为简称）第六十条的规定，未经专利人许可，实施其专利，即侵犯其专利权，引起纠纷的，由当事人协商解决；不愿协商或者协商不成的，专利权人或者利害关系人可以向人民法院起诉，也可以请求管理专利工作的部门处理。原告于2014年12月8日成为“基于通信网络的防伪验证方法及系统”发明的专利权人，且原权利人出具了授权书，对于专利转让前的侵权行为，由原告代为收集证据、索赔、向法院提起诉讼，故原告系利害关系人，其依据原权利人的授权有权以自己的名义进行维权。

二、被诉侵权技术方案是否落入原告专利权的保护范围

根据《专利法》第五十九条第一款规定，发明或者实用新型专利权的保护范围以其权利要求的内容为准，说明书及附图可以用于解释权利要求的内容。《最高人民法院关于审理侵犯专利权纠纷案件应用法律若干问题的解释》第一条规定，人民法院应当根据权利人主张的权利要求，依据专

利法第五十九条第一款的规定确定专利权的保护范围。第七条规定，被诉侵权技术方案包含与权利要求记载的全部技术特征相同或者等同的技术特征的，人民法院应当认定其落入专利权的保护范围。

三、两被告及第三人实施行为的认定

被告新平某果品有限公司销售了涉案橙子产品，又根据被告新平某果品有限公司及第三人认证公司提交的协议书之约定，在涉案橙子产品上使用的二维码系由第三人认证公司制造并销售给新平某果品有限公司。至于被告云南某果业有限公司，原告并无证据证明其实施了销售行为，故对原告主张被告云南某果业有限公司实施了销售涉案橙子产品的主张应该不予支持。

四、关于两被告及第三人主张的现有技术抗辩

根据《专利法》第二十二条第五款规定，现有技术，是指申请日以前在国内外为公众所知的技术。第六十二条规定，在专利侵权纠纷中，被控侵权人有证据证明其实施的技术或者设计属于现有技术或者现有设计的，不构成侵犯专利权。《最高人民法院关于审理侵犯专利权纠纷案件应用法律若干问题的解释》第十四条规定，被诉落入专利权保护范围的全部技术特征，与一项现有技术方案中的相应技术特征相同或者无实质性差异的，人民法院应当认定被诉侵权人实施的技术属于专利法第六十二条规定的现有技术。

本案中，《电子商务》2007 年第 2 期刊登的文章早于涉案专利申请日，可作为现有技术进行抗辩。双方当事人对被告某果平有限公司网页上的图片及涉案橙子产品上使用的技术方案有不同的意见，但法院在上述侵权分析中已经认定：被告新平某果品有限公司网站上使用的技术方案及涉案橙子产品上使用的防伪技术落入原告专利权利要求 1、7 的保护范围，而被告及第三人提交的现有技术仅系二维码技术方案，即仅为通过扫描二维码接受信息、浏览多媒体信息等，被控侵权的技术为基于通信网络的防伪验证系统，二者不相同，故被诉侵权技术方案与两被告及第三人主张的现有技术相同，两被告及第三人的现有技术抗辩不能成立。

五、被告新平某果品有限公司及第三人认证公司主张的在先权抗辩是否成立

根据《专利法》第六十九条规定，在专利申请日前已经制造相同产

品、使用相同方法或者已经作好制造、使用的必要准备，并且仅在原有范围内继续制造、使用的不视为侵犯专利权。被控侵权的技术方案与两被告及第三人主张的具有先用权的技术不相同，同时两被告及第三人亦未在限期举证的期限内举证证明先用权的规模和范围，两被告及第三人并不能证明在原告专利申请日之前使用的防伪系统与本案被控侵权的防伪系统相同。因此两被告及第三人主张享有先用权的抗辩理由不成立。

六、行为的定性及责任的承担

关于赔偿数额。根据《专利法》第六十五条“侵犯专利权的赔偿数额按照权利人因被侵权所受到的实际损失确定；实际损失难以确定的，可以按照侵权人因侵权所获得的利益确定。权利人的损失或者侵权人获得的利益难以确定的，参照该专利许可使用费的倍数合理确定。赔偿数额还应当包括权利人为制止侵权行为所支付的合理开支权利人的损失、侵权人获得的利益和专利许可使用费均难以确定的，人民法院可以根据专利权的类型、侵权行为的性质和情节等因素，确定给予一万元以上一百万元以下的赔偿”，原告未向法院提供有效证据证明其因被告侵权所受到的实际损失或被告因侵权行为所获得的利益，故法院依法适用法定赔偿确定赔偿数额。本案中，法院综合考虑涉案专利对于被告销售的橙子产品价值的贡献，原告专利为发明专利，该专利为防伪系统及方法，而涉案产品为橙子，消费者购买涉案产品主要是因橙子的知名度。法院还考虑到被告的使用方式、侵权行为的性质、情节等因素，酌情予以确定赔偿数额。同时，原告为了证明被告新平某果品有限公司侵权的事实令被告新平某果品有限公司停止侵权，因而公证购买了侵权产品并提起本案诉讼，原告为了制止侵权已支付的合理费用，应由被告新平某果品有限公司承担。

（点评评委：龙建伟）

案例复核：丁德昌

案例 2

炎陵黄桃地理标志保护维权案

◉ 推荐单位：湖南省知识产权局

【案例导读】

地理标志，英文为“Geographical Indications”，在《与贸易有关的知识产权协定》（简称“TRIPS”）中，定义为识别一货物来源于一成员领土或该领土内一地区或地方的标识，该货物的特定质量、声誉或其他特性主要归因于其地理来源。在 TRIPS 里，地理标志与版权和相关权利、商标、工业设计、专利等并列为知识产权。

地理标志法律制度是我国加入世界贸易组织时，为与国际接轨而新建立的法律制度，此前，我国的法律对“地理标志”的保护散见于证明商标、原产地标记、反不正当竞、非物质文化遗产、老字号等方面的法律法规，没有“地理标志”的称谓。

地理标志是一种一定地理区域内集体共有的私权。《中华人民共和国民法总则》第一百二十三条规定，民事主体依法享有知识产权。知识产权是权利人依法就下列客体享有的专有的权利：……（四）地理标志；……

目前，我国对地理标志的注册登记管理有两个部门，即国家知识产权局和农业农村部，国家知识产权局依据《中华人民共和国商标法》《地理标志产品保护规定》管理地理标志商标、地理标志产品保护的注册登记；农业农村部下辖的中国绿色食品发展中心依据《农产品地理标志管理办法》及农业农村部的授权负责农产品地理标志的登记管理。

在全国已获得地理标志商标注册、地理标志产品保护注册登记的地理标志名录中，80%以上的是农产品。这意味着获得法律保护、获得良好产业发展的地理标志，可以惠及更多的人群，尤其是对于贫困地区的脱贫纾困有着重要的意义。更是产业扶贫、乡村振兴的主要抓手。一个涉农地理标志产业的良性循环发展，并促进第一二三产业融合，就能形成“农民增收、企业增效、政府增税”的多赢局面。

但地理标志是一定地理区域内相关群体共有的知识产权，所以容易出现“公共绿地悲剧”现象。地理标志持有人力量分散单薄，持有人和使用人维权意识淡薄；而侵权主体分布广泛，侵权行为发生地众多，侵权行为和方式复杂多样，导致地理标志维权困难。不打击侵权行为，必然出现“劣币驱逐良币”的不良市场景象，严重的甚至会导致地理标志所依附的条件变异，品牌价值消失，地理标志失去存在基础。

湖南是地理标志资源大省，地理标志保护已取得一定成绩且发展潜力巨大。据统计（截至2018年6月底），湖南在国家商标局注册的地理标志商标128件，在原农业部登记的农产品地理标志63件，获得原国家质量技术监督检验检疫总局地理标志产品保护名录登记的77件，其中“宁乡花猪”“罗代黑猪”“大围山梨”“沩山毛尖”“浏阳金桔”“浏阳花炮”“沙坪湘绣”“铜官陶瓷”“浏阳蒸菜”等都是长沙市域范围内获得注册登记的地理标志。这些地理标志，一样面临着案例中炎陵黄桃地理标志权利被侵犯的维权难题。

（编辑：曾庆琳）

【案情介绍】

2018年7月，是炎陵黄桃集中上市时期。湖南省知识产权局接到炎陵县人民政府关于请求支持在省内大型超市、电商终端（平台）打击侵犯“炎陵黄桃”地理标志证明商标行为的请示报告。

炎陵县人民政府在报告中指出，炎陵黄桃是指产自炎陵县境内海拔300~1200m以及类似生态区符合特定品质的锦绣黄桃，需要同时满足种植区域、生态环境、品质、品种四个条件并按照“绿色食品标准”标准化生产的才是“炎陵黄桃”。这种鲜果类的黄桃，和其他地方种植的黄桃在品相和口感以及种植方法上有本质的区别，桃农的种植成本也高于其他地区，自然价格也不能等同。许多不良的商家，为了获得更大的非法利益，用其他地区的黄桃代替“炎陵黄桃”进行销售，这种不法行为严重损害了“炎陵黄桃”的品牌效益。

炎陵黄桃于2016年获得国家商标局地理标志证明商标注册。于2017年被评为“湖南十大农业（区域公共）品牌”。2018年，炎陵黄桃总产量2.3万吨，其中商品率82.5%，商品18975吨，田间批发价每市斤5.8元，比去年单价增加1.8元，增长31.03%。全年总收5.2亿元。在炎陵县有8个镇8256户3.16万人种植黄桃，约5.8万人参与黄桃产业链。据炎陵县炎陵黄桃产业协会统计，全县累计有4784户14152名贫困人口依靠种植黄桃而脱贫。

湖南省知识产权局了解相关情况后，立即召开“炎陵黄桃”地理标志产品保护会议，部署保护工作。

经遴选和推荐，湖南新净信知识产权服务有限公司（以下简称“新净信”）和另一家知识产权服务机构获得了“炎陵黄桃”地理标志商标注册人炎陵县炎陵黄桃产业协会的授权，为炎陵黄桃地理标志线上线下维权打假提供服务。

在线上，接受委托后，新净信启动自主研发的IPRSEE鹰眼系统，针对主要电商平台，监测“炎陵黄桃”线上销售网店。经监测，获得各电商平台上“炎陵黄桃”网店数据，共计检索出1388条销售链接，637家线上店铺。仅在淘宝、天猫平台上的637家销售炎陵黄桃店铺中，销售额共计468363元，其中非授权店铺有526家，非授权店铺营业额196302元，侵权情况严重；在京东平台上的20家店铺，总销售额为2733元，非授权店铺16家，销售额1005元。京东平台侵权销售额较少，但侵权店铺占比80%。线上共监测出“炎陵黄桃”相关链接1436条，网店657家，投诉

182 家店铺，删除链接 176 条。

在线下，炎陵县炎陵黄桃产业协会授权后，新净信指派调查员对四方坪商贸城、毛家桥水果市场、红星水果市场展开市场摸底调查，并根据市场经销商销售假冒炎陵黄桃情况制订维权打击行动计划。

为了宣传地理标志产品“炎陵黄桃”保护工作，新净信联系《长沙晚报》记者一起前往长沙市红星水果市场，协助见证市场管理处人员对该市场销售“炎陵黄桃”的批发商进行突击检查。当天，查获两家销售炎陵黄桃不规范的批发商，对黄桃进行了暂扣，红星农副产品大市场现场下达了责令提供完整进货凭证的整改通知书。

经一段时间的调查取证，新净信根据长沙主要水果市场“炎陵黄桃”销售中的侵权情况进行总结、形成报告，向长沙市知识产权局执法处投诉。长沙市知识产权局第一时间予以受理。

8 月 8 日，长沙市知识产权局执法处工作人员前往长沙市毛家桥大市场就“炎陵黄桃”地理标志商标进行专项执法。在该项执法中，共查处了 4 家“炎陵黄桃”侵权商户，当场没收、销毁外包装一批。鉴于各侵权人侵权情节显著轻微，长沙市知识产权局对各侵权商户当场予以警告，警告其不得再使用假冒包装盒，更不能用其他黄桃冒充“炎陵黄桃”。

（案情撰写：罗　武）

【评委点评】

这是国家商标局及其管理的地理标志和原国家质量技术监督检验检疫总局管理的地理标志保护产品统一划归国家知识产权局管理后，湖南知识产权行政管理系统第一例地理标志权利保护案例，也是由地方政府启动、省市两级知识产权行政管理部门组织执法、知识产权服务机构参与的地理标志异地保护的案例，对于全国各地理标志的维权打假、维护其地理标志权利具有启发和指导意义。

地理标志主要分布在广袤的农林渔牧区域，地理区域内资源禀赋包括地理资源和人文资源，是经过历史长河的洗练，最终留下的天然带着品牌属性、带着市场号召力的知识产权。也正因为地理标志的这些特点，决定了权属主体的专属性和权属主体的分散性。同时，大多数地理标志的注册人、持有人是属于自律组织的行业协会，虽然具有一定的质量监管能力，但目前都还处在成长的初期阶段，根本不具有“新奇士橙”商标管理者美国新奇士种植者协会（Sunkist Growers Inc.）那样的品牌管理能力和市场推广能力。

由于上述特点的使然，炎陵县人民政府发文给省知识产权局，请求支持保护炎陵黄桃的地理标志权，就合理合法合乎现实了。省知识产权局在了解情况后，立即协调并布置各方面的打击侵权工作；长沙市知识产权局在接到报案后，由相关工作人员赴市场进行查处，这说明各级知识产权行政管理部门对地理标志权利的保护响应快且及时。

知识产权服务机构专业的调查取证能力是维护地理标志权利必要的条件。案中的湖南新净信知识产权服务有限公司启用自主研发的 IPRSEE 鹰眼系统对网络上电商平台侵权网店进行抓取并获得店铺链接、交易情况，取得侵权证据。这种对网络全面监测，对侵权店铺进行固化取证的理念、做法值得所有地理标志持有主体和管理部门学习借鉴。

由于炎陵县和长沙两地启动炎陵黄桃地理标志维权打假及时有效，因此在长沙水果市场上所能查获的侵权行为显著轻微。长沙市知识产权局据此依据《中华人民共和国行政处罚法》的相关规定给予侵权商户警告处罚，合情合理合法，是恰当的。

处罚从来不是目的。就地理标志领域而言，制止侵权行为，宣传地理标志法律法规，教育市场主体和全体公民正确认识认知地理标志法律制度，主动维护地理标志权益，才是当务之急。通过本案，也可以告诫各市场经营主体，地理标志不是无主且无助的“公共绿地”，它是受保护的，你也许可以进入这块绿地，但必须先得到授权并遵守相应的规则。这才是本案的最大价值。

（点评评委：杜钢建）

案例复核：刘潇潇

案例 3

康成投资（中国）有限公司诉吕某侵害商标权及不正当竞争纠纷案

◉ 推荐单位：湖南省长沙市天心区人民法院

【案例导读】

本案是一起典型的“傍名牌”商标侵权及不正当竞争纠纷。

商标的作用首先在于表明商品或服务的来源。企业将自己生产的商品或提供的服务投入市场以后，通过商标把本企业的商品或服务与他人的商品区别开来，消费者只要熟悉了某种商品或服务的商标，也就搞清楚了该商品或服务是哪个企业生产或者经营的。其次是帮助消费者认牌购货。市场上的商品或服务琳琅满目，同一种类的商品或服务也形色各异。而有了商标这块牌子，消费者就可以通过商标来区分不同的商品或服务，从而根据自己的消费习惯和经济条件选择适合自己需要的商品或服务。最后是促进商品生产者或者经营者之间的正当竞争。信誉良好的商标，其竞争力强，在竞争中必然取得优势；反之，信誉差的商标，其竞争力弱，竞争的结果必然丧失在市场中的有利地位。

“傍名牌”是一种不正当竞争的现象，主要指不法公司将著名的商标注册或登记成为自己的公司商号，以便混淆公司名称与品牌名称，试图使消费者误以为著名的品牌就是该公司生产的，从而扩大销路获取利润。将普通产品与名牌产品千方百计扯上关系，这种极易造成消费者误认和混淆的“傍名牌”现象，不但严重侵害了品牌拥有者和广大消费者的合法权益，也直接影响市场经济的良性有序发展。遏制傍名牌现象，保护知识产权，保护消费者合法权益，已成为全社会各界人士的共识。

（编辑：田 华）

【案情介绍】

2009年12月28日，案外人上海大润发有限公司注册取得第5091×××号“大润发”商标，该商标核定服务项目为第35类，注册有效期限自2009年12月28日至2019年12月27日。2013年11月27日，原告受让取得“大润发”商标。2015年1月，原告的“大润发”商标被上海市工商行政管理局评为上海市著名商标，类别35类，认定商品或服务：推销（替他人）；证书有效期自2015年1月1日至2017年12月31日。中国连锁经营协会统计和发布的2016年“中国连锁百强排行榜”记载：原告排名第四，销售规模9329000万元，2016门店总数368个。2016年1月18日，国家工商行政管理总局商标评审委员会作出商评字〔2016〕第0000004×××号《关于第12111×××号“大星发DXF”商标无效宣告请求裁定书》。该裁定书认定引证商标（即第5091×××号“大润发”商标）通过长期广泛的使用，已经在推销（替他人）服务上为相关公众广为知晓并享有较高声誉，可以认定申请人使用在第35类推销（替他人）服务上的第5091×××号“大润发”商标为驰名商标。

长沙市天心区大润发量贩超市系2016年11月15日注册登记的个体工商户，经营者为被告吕某，经营场所位于长沙市天心区赤岭路219号“V立方”商场负一层，经营范围包括家用电器、小饰物、小礼品、文具用品、果品及蔬菜、禽、蛋及水产品、五金产品、日用百货、预包装食品等。2017年6月30日，原告的委托代理人范某在长沙市麓山公证处公证人员监督下，来到长沙市天心区大润发量贩超市，以普通消费者的身份购买了标有“申士高级记事簿”等字样商品四件和标有“大润发量贩”字样的购物袋两个，取得购物小票一张、银行签购单一张，并对超市内外进行了拍照。长沙市麓山公证处就上述购买过程出具了（2017）湘长麓证民字第5×××号公证书。该公证书所附照片显示，在超市入口正上方挂有“大润发量贩超市 DRF-Discount”大型招牌，其中“大润发”三字明显大于其他文字。店内海报、价签、购物袋上印有“大润发量贩”字样。购物小票的首行印有“大润发超市”。被告提出其使用“大润发量贩”的标识系从案外人大润发量贩超市（深圳）有限公司获得授权。经庭审询问，被告未能提供大润发量贩超市（深圳）有限公司的营业执照以及该公司持有相关商标专用权的证明。在原告起诉要求被告停止侵权并赔偿100万元后，被告于2017年10月16日在工商行政部门注销了长沙市天心区大润发量贩超市。

裁判结果：一、被告吕某立即停止侵犯原告康成投资（中国）有限公司第5091×××号“大润发”注册商标专用权的行为；二、被告吕某于本判决生效之日起十日内赔偿原告康成投资（中国）有限公司经济损失及合理维权费用共计200000元；三、驳回原告的其他诉讼请求。

（案情撰写：张　澜）

【评委点评】

本案系冒用大润发商标设立大润发超市，涉及三个问题：（1）服务商标是否视同商品商标以同等标准保护的问题。按照商标注册的相关规则，第35类商标分类为商业经营、商业管理、办公事务服务，目的在于对商业企业的经营管理、商业职能和经营活动提供帮助，服务对象通常为商业企业，服务内容通常包括商业管理、营销方面的咨询、信息提供，系服务商标。本案的典型之处在于涉及服务商标的保护问题，此类案件近年来一直存在较大争议。关于服务商标是否应当视同商品商标与同等标准保护的问题，我们认为无论从商标注册体系、商标使用性、消费者实际感知的角度，还是从促进品牌和产业发展来讲，服务商标及商品商标不宜在保护标准上有所区别。（2）将与他人注册商标相同的文字作为企业的字号在相同服务上突出使用的行为是否属于侵害商标权的行为。我国《最高人民法院关于审理商标民事纠纷案件适用法律若干问题的解释》第一条规定，将与他人注册商标相同或者相近似的文字作为企业的字号在相同或者类似商品上突出使用，容易使相关公众产生误认的，属于商标法第五十二条第五项规定的给他人注册商标专用权造成其他损害的行为。本案中被告在其招牌和其他服务用品上使用的“大润发量贩超市”突出使用了“大润发”字样，在“大润发”商标已经被认定为驰名商标的情况下，很容易引起相关公众对其服务来源的混淆，将其误认为是原告的分店或与其有特定联系的企业。同时，被告的虚假宣传使其不正当地获得竞争优势，会对原告今后在中国境内的商业活动产生影响，应认定被告构成不正当竞争。三、服务商标侵权诉讼中，能否适用合法来源抗辩条款。存在两种观点，第一种观点认为，《中华人民共和国商标法》第六十四条第二款仅针对商品销售者，服务提供者不在其列；第二种观点认为，服务提供者亦能适用合法来源抗辩条款，《中华人民共和国商标法》第一章第四条第三款规定“本法有关商品商标的规定，适用于服务商标”，而法律总则规定的是一部法律的总的原则、基本制度，故在法律没有做出明确相反规定的前提下，总则中条款的效力当然及于相应的分则条款。我们认为，设置合法来源抗辩条款的目的是降低中间商、零售商的法律风险、保护其积极性，而服务交易和商品交易一样有中间商，都需要保护，且《中华人民共和国商标法》第六十四条第二款与第四条第三款紧密相关，故服务商标侵权同样可以援引合法来源抗辩条款。但值得一提的是，无论是服务商标还是商品商标侵权案件，构成合法来源均需以行为人主观上无过错为前提。本案中，“大润发”商标具有较高的知名度，被告应当核实上游许可方是否有权许可，是否有商标注册证书或是在许可合同中得到明确授权，如果不进行基本核实，没有尽到法定注意义务，则其主观上具有一定过错，不能适用合法来源抗辩条款。反之，如果行为人尽到了一定的注意义务，符合合法来源的其他要件，但上游许可方并无许可权且以伪造的文本欺骗行为人，则应当免除行为人的侵权赔偿责任。

（点评评委：熊　焰）

案例复核：刘潇潇

案例 4

湖南万科新材环保机械有限公司诉湖南某化纤有限公司侵犯发明专利权纠纷案

◉ 推荐单位：湖南天地人律师事务所
深圳兴科达知识产权代理有限公司长沙分公司

【案例导读】

随着科学技术的进步和社会经济的不断发展，保护专利人合法权益、鼓励发明创造的专利保护制度越来越受到人们的关注，但就是在政府和企业对专利权越来越重视的背景下，专利侵权现象严重和维权难等问题也严重影响了专利的市场化运作。在本案中，请求人湖南万科新材环保机械有限公司重视新产品的研发，其专利产品质量深受客户认可，经该公司生产的脱硫脱硝设备处理后的锅炉尾气中有毒有害气体含量远低于国家标准，符合环保要求。该公司产品的脱硫率较传统喷淋要高很多，一般在95%以上，最高可达99.9%。脱硫塔材质采用316L不锈钢制作，耐高温、耐腐蚀、耐磨损，质保 10 年以上，是客户设备安全长期稳定运行的保证。

专利侵权判定问题是专利侵权案件审判中的关键问题。被控侵权产品是大型烟气脱硫设备，该产品体积庞大且坐落于侵权人的厂房内，请求人难以直接接触到产品，而根据专利侵权比对的全面覆盖原则，必须是被控侵权产品与涉案专利的全部技术特征构成相同或等同才能够认定侵权，而本案涉案专利的部分技术特征位于被控侵权产品的内部，且被控侵权产品一直处于运行状态，对于被控侵权产品的内部结构特征，权利请求人无法直接进入设备内部或对结构进行拆解比对。以上等等因素导致权利人调查侵权取证难度非常大，权利请求难以得到支持。

在本案中，专利侵权纠纷行政执法作为专利保护的重要措施之一，发挥了极大的作用。湖南省知识产权局受理该案件后，高度重视，组织专家前往湖南某化纤有限公司厂房内进行现场调查取证，对被控侵权产品进行拍照，对被告公司的技术人员制作调查笔录。通过现场取证，本案承办人员对被控侵权产品的技术方案有了全面的了解。

（编辑：田　华）

【案情介绍】

湖南万科新材环保机械有限公司成立于 2003 年，一直从事锅炉尾气脱硫脱硝设备的生产和研发，属于国家重点支持环保技术领域。该公司投入大量的人力物力成本研发新产品。其核心产品高效气动脱硫塔 2014 年获得国家发明专利，是一种双多管连体式气动脱硫塔。产品质量深受客户认可，经该公司生产的脱硫脱硝设备处理后的锅炉尾气中有毒有害气体含量远低于国家标准，符合环保要求。该公司产品的脱硫率较传统喷淋要高很多，一般在 95%以上，最高可达 99.9%。脱硫塔材质采用 316L 不锈钢制作，耐高温耐腐蚀耐磨损，质保 10 年以上，是客户设备安全长期稳定运行的保证。

湖南某化纤有限公司是专业生产锦纶（又名尼龙）纤维的大中型企业。主要产品有：锦纶高速纺长丝级切片、锦纶 POY、常规锦纶 DTY、锦纶有色弹力丝、抗菌锦纶弹力丝等锦纶系列产品。

湖南万科新材环保机械有限公司产品投入市场后，由于脱硫效果好，深受市场欢迎。大量不良商家，未经该公司授权，非法生产、销售侵犯该公司的专利产品。为维护该公司的合法权益，2017 年 5 月 17 日，该公司依法申请湖南省知识产权局对湖南某化纤有限公司侵犯该公司专利权的行为进行行政处理。2017 年 5 月 17 日，湖南省知识产权局予以立案，并依法组成合议组，于 2017 年 7 月 4 日进行了口头审理。请求人湖南万科新材环保机械有限公司，委托代理人陈某、曾某到庭参加了口审，被请求人湖南某化纤有限公司，无正当理由没有到庭参加口审，按缺席处理。2017 年 6 月 23 日，湖南省知识产权局执法人员对湖南某化纤有限公司进行调查取证，对被控侵权产品进行现场拍照，取得照片七张，并制作了调查笔录，请求人对知识产权局的调查取证材料无异议。综定案证据及当事人的庭审程序，湖南省知识产权局经审查查明专利权人周某于 2014 年 8 月 27 日向国家知识产权局申请了名称为“一种双多管连体式气动脱硫塔”的发明专利，并于 2016 年 8 月 17 日获得专利权。该专利现为有效专利，2017 年 3 月 3 日，专利权人周某以独占许可方式许可请求人湖南万科新材环保机械有限公司实施该专利，根据《中华人民共和国专利法》第十一条的规定，其专利权应当予以保护。经过比对，被控侵权产品的技术特征 a-o 与涉案专利权利要求 1 的必要技术特征 A-o，除 i-I、1-L 两个特征外，其余均一一对应且相同。而对于技术特征 i-I，被控侵权产品技术特征 i 为旋流筒内设置有多个叶片，叶片在筒内的作用是用于产生旋流，其解决的技术问题、达到的技术效果与涉案专利技术特征相同。对于技术特征 1-L，被控侵权产品技术特征 1 为烟气进口内设置有手动风阀，涉案专利权利技术特征 L 为烟气进口内设置有电动风阀，两者采用的是基本相同的手段，实现基本相同的功能，达到基本相同的效果，是所属领域的普通技术人员无须经过创造性劳动就能够联想到的特征，属于等同技术特征，被控侵权产品包含了涉案专利权利要求 1 的全部技术特征，落入了该权利要求 1 的保护范围。

故根据《中华人民共和国专利法》第十一条第一款、第五十九条第一款、第六十条和国家知识产权局《专利行政执法办法》第十九条、第四十三条的规定，省知识产权局作出湘知法处字〔2017〕4 号处理决定书，责令湖南某化纤有限公司立即停止使用侵犯发明专利侵权产品，并销毁侵权产品。

（案情撰写：曾建龙　周　欢）

【评委点评】

本案系一起产品发明专利独占实施权侵权纠纷，涉案专利的权利人通过向湖南省知识产权局提出专利侵权纠纷行政处理请求和专利侵权案件调查取证申请，通过行政处理决定，顺利达到维护自身专利权的目的。本案的典型意义表现在以下两个方面：第一，专利等同替换原则的适用。我国《专利法》虽然还没有专门规定等同原则的条款，但是在司法实践等领域中等同原则已获得广泛运用。我国《专利法》第五十六条第一款明确规定："发明或者实用新型专利权的保护范围以其权利要求的内容为准，说明书及附图可以用于解释权利要求。"这是我国专利权保护范围的理论依据。在专利侵权的判定中首先要明确权利要求的解释内容，才可进一步判定是否构成侵权行为。依以上规定，专利权的范围反映在权利要求书中。侵权行为是否成立关键在于判断被控侵权产品或方法有没有覆盖权利要求书所记载的技术特征。等同侵权是依据等同理论而产生的侵权方式，指行为人将权利要求书中的部分必要技术特征进行非实质性替换，得出与权利要求书记载的必要技术特征实质性相同的技术的产品或方法。本案认定侵权时，当被控侵权物含有的技术与权利要求中的技术字面不同时，执法人员利用专业知识分析被控侵权物的必要技术特征是否是专利权人权利要求书中部分必要技术特征的等同替换，也就是判定是否存在"等同侵权"，其法律依据为 2001 年最高人民法院相关司法解释："等同特征是指与权利人权利要求书所包含的必要技术特征以基本相同的手段，达到基本相同的效果，实现基本相同的功能，并且本领域的普通技术人员无须经过创造性劳动就能够轻易得到的特征。"通过比较分析，执法人员认为，两种技术特征属于等同技术特征，认定被告行为为等同侵权。

专利侵权纠纷行政执法解决机制的适用。如何以较低的成本快捷而有效地维护专利权，最大化地实现专利价值，规范市场秩序，一直以来都是专利权人面对的较为困惑难解的问题。本案的解决方式突破了以司法维权方式整治市场的单一形式，提出了新的解决纠纷模式。行政调处程序具有程序简单、处理快、周期短的特点，而进行调处的专利管理部门所具有的现场勘验职能，是最有可能取得侵权方产品的技术特征可以借助的有效手段之一。在本案中，专利权人首先向湖南省知识产权局提出行政调处的申请，经该局的现场勘验调查取证并最终裁量，为专利权人维权提供了新的方式。

在本案中，专利侵权纠纷行政执法制度体现了其明确的定位，利用其灵活、简便、高效的特点，发挥了司法救济的补充作用。同时在行政执法过程中还普及专利知识，提升社会专利保护意识，培育尊重创新、尊重专利的文化环境，从根本上起到保护专利的目的，对解决纠纷起到了示范作用。

（点评评委：阳强强）

案例复核：丁德昌

案例 5

中粮集团有限公司诉河南省某葡萄酒业有限公司侵害商标权纠纷案

◉ 推荐单位：湖南省高级人民法院

【案例导读】

本案是一起商标侵权纠纷，被控侵权人不承认自己的生产销售行为，企图逃避法律责任，人民法院综合考虑全案证据和事实，认为权利人尽到了必要的举证义务，依法认定被控侵权人实施了生产销售行为，并判令其承担侵权赔偿责任，有力打击了商标侵权行为，维护了商标权人的合法权益和消费者的利益。

当事人对自己提出的诉讼请求所依据的事实或者反驳对方诉讼请求所依据的事实有责任提供证据加以证明。没有证据或者证据不足以证明当事人的事实主张的，由负有举证责任的当事人承担不利后果。

未经商标注册人的许可，在同一种商品上使用与其注册商标相同的商标的；未经商标注册人的许可，在同一种商品上使用与其注册商标近似的商标，或者在类似商品上使用与其注册商标相同或者近似的商标，容易导致混淆的；销售侵犯注册商标专用权的商品的……均属侵犯注册商标专用权的行为。

权利人因被侵权所受到的实际损失、侵权人因侵权所获得的利益、注册商标许可使用费难以确定的，由人民法院根据侵权行为的情节判决给予三百万元以下的赔偿。

（编辑：刘文献）

【案情介绍】

中粮公司系依法注册的第70×××号“ ”、第3244×××号“ ”、第3244×××号“ ”商标的合法持有人，该系列注册商标核定使用商品为第33类，核定使用商品主要包括果酒、苹果酒、葡萄酒等酒类，通过续展注册现处于商标注册有效保护期内。2004年11月12日，原国家工商行政管理总局商标局出具的商标驰字〔2004〕第139号文件认定中粮公司持有的第70×××号“长城greatwall及图”商标为驰名商标。中粮公司未授权河南某公司使用上述涉案商标。2017年2月19日，河南省河南某葡萄酒业有限公司生产了侵害中粮公司商标权的产品。某自选超市销售了侵权产品。据此，中粮公司请求判令河南某公司和某自选超市立即停止生产、销售涉案产品并赔偿经济损失。

本案二审争议的焦点是：被诉侵权产品是否系河南某公司生产；一审所判赔偿数额是否合理。

由于企业的名称、地址、联系方式、商品QS码、厂商条码等是可以公开查询到的信息，易被冒用，故通常情况下仅凭被诉侵权商品上标注的前述信息尚难以认定该商品系所标注企业生产销售，还需要结合其他证据予以认定。本案中，第一，河南某公司申请了“长域”商标，该商标与权利人“长城”商标在文字形状上有一定的近似度，且作为葡萄酒生产企业，河南某公司不可能不知道“长城”商标的知名度，其注册“长域”商标的事实可以认定其有攀附中粮公司商标的意图。第二，河南某公司认可被诉侵权商品瓶贴处标注的公司名称、地址、条形码、生产许可证号、电话号码等信息均为河南某公司所有，被诉侵权产品上标注的“艾比尔斯”商标也为河南某公司所有。经庭审询问，河南某公司从未向工商或者公安机关举报过被冒用的情况，河南某公司亦没有证据证明他人冒用河南某公司名义生产了被诉侵权商品。第三，亿招中国酒水招商网上有大量以河南某公司名义发布的网页，对多款与中粮集团“华夏”“长城图形”系列商标近似的葡萄酒以及河南某公司自认生产的“百年好合”葡萄酒进行宣传展示。河南某公司主张其未在任何网站进行宣传和销售，是另有侵权人所为。二审法院认为，其他不相关的市场主体花费成本在网络上对河南某公司生产、销售的产品进行宣传，与市场主体追求经济利益的常理明显不符，且河南某公司未提交证据证明系他人所为。综合考虑上述因素，本案证据形成了证据链，可以证明被诉侵权商品系河南某公司生产销售。

关于一审所判赔偿数额是否合理。本案中，中粮公司未能举证证明其因侵权行为所受实际损失，河南某公司的侵权违法所得亦无法查清，故一审法院根据中粮公司及其注册商标的市场知名度，河南某公司的经营规模以及侵权行为的情节、主观过错程度以及中粮公司为制止侵权所支出费用的合理性和必要性等因素，在区分生产者与销售者不同侵权行为性质的基础上酌定赔偿数额并不违反法律规定。对一审法院认定的赔偿数额予以认可。一审法院判决的法律依据有：《最高人民法院关于民事诉讼证据的若干规定》第二条，《中华人民共和国商标法》第五十七条、第六十三条。

某超市的销售行为是河南某公司生产和销售行为的延伸，在河南某公司就其生产和销售行为承担了赔偿责任的情况下，不宜判令销售商再单独承担赔偿责任，但可以判令销售商就生产商承担的部分赔偿责任承担连带责任。本案中，由于一审法院并未明确河南某公司对其生产和销售行为承担了完全的赔偿责任，同时考虑到当事人并未就此提出上诉，二审法院对一审法院认定的赔偿数额予以认可。二审判决：驳回上诉，维持原判。

（案情撰写：伍颖超）

【评委点评】

一、注册商标的侵权问题

本案中存在“长城”与“长域”两种注册商标，从汉字的外形上这两种商标存在一定的近似情形，由此产生的问题是，同样是注册商标，都是通过中国商标局申请注册的商标，具有国家授予的合法性基础，被告河南某公司使用自身的注册商标是否就不存在侵权了呢？我国《商标法》第五十七条第二款规定，未经商标注册人的许可，在同一种商品上使用与注册商标近似的商标，或者在类似商品上使用与注册商标相同或近似商标，容易导致混淆的，均属侵犯注册商标专用权。该款并没有区分近似商标是注册商标还是未注册商标，因此，在商标法领域即便是注册成功的商标在没有宣告无效的情况下也存在侵权的可能性，取得注册商标不是可以侵犯他人商标专用权的护身符。

二、侵权事实认定的证据采信问题

民事案件与刑事案件在证据、事实的认定方面存在重大区别，刑事诉讼中以无罪推定、疑罪从无为原则，在证据采纳方面要做到高度盖然性，排除一切合理怀疑。在不冤枉好人的同时有可能放过坏人，这样做的司法目标主要在于保护人权。而民事案件则不然，司法机关在司法过程中具有更多的司法裁量权，在证据的采纳方面只要具有“证据优势”即可认定事实。本案中，被告否定其生产侵犯他人商标专用权的行为事实，而法院则以他人在无经济利益的情况下不可能去生产侵权产品，从而推定了被告生产了侵权产品，显然，没有达到刑事诉讼中排除一切合理怀疑的证据标准——因为从刑事的角度还存在其他合理怀疑，如存在可能竞争对手陷害的可能性。法院的判决推理过程符合民事案件的办案要求。当然这种加重被告举证责任、使其承担举证不利的法律后果的做法也体现了司法机关保护商标权利人利益的司法倾向。

（点评评委：宣增培）

案例复核：刘潇潇

案例 6

广州市和谐纺织实业有限公司诉被告某（上海）有限公司长沙第一分公司、湖南某品牌管理有限公司著作权权属侵权纠纷案

◉ 推荐单位：湖南省长沙市天心区人民法院

【案例导读】

本案系美术作品著作权纠纷。绘画是一种平民艺术，谁都可以在空白的画纸上渲染出自己的理想世界，可能是创作者情绪的释放宣泄，也可能代表梦想，画出创作者的执着；或许还是商业行为，为创作者带来财富和美誉。美术作品著作权包含人身权利和财产权利，复制权是其中使用最频繁的一类权利。

原告将其享有著作权的上述平面美术作品制作成立体软体公仔玩具，是对平面美术作品的立体化使用，构成著作权法意义上的复制。被告聚湘公司未经许可对原告的平面美术作品进行立体化使用，生产与原告根据平面美术作品复制成的立体化产品相同或实质性相似的产品，亦构成对原告平面美术作品的复制。复制是对作品载体所体现的表达方式的再现，此种

再现不限于必须采用同样的物质载体或同样的空间方式来表达。无论行为人采用何种方式和手段，无论复制前后的载体是否相同，只要能够再现作品的内容和表达方式的效果，而且没有在这种转化中加入足以达到独创性要求的成分，就应当认定为是复制行为。从平面到立体的复制是指原作品被固定在平面载体上，而复制件被固定在三维载体上，对于平面作品的立体化，只是物质载体发生改变，空间方式发生改变。该作品仍属于原作品的再现和表达方式的重复，并无创造性的因素，不能形成独立的作品，属于著作权法意义上的复制。本案不同于通常意义上的著作权纠纷，对美术作品著作权的侵害，不仅包含通常意义上的从平面到平面的复制，对于依据平面美术作品制作的立体产品，也包含从平面到立体的复制，即从二维空间到三维空间的复制。本案从一定程度上拓宽了人们对著作权法意义上复制的认识和理解，对加强美术作品著作权保护有较大的积极意义。

（编辑：田　华）

【案情介绍】

原告广州市和谐纺织实业有限公司（以下简称“和谐公司”）公司成立于2006年1月23日，经营范围为纺织服装、服饰业。原告和谐公司主要致力于软体公仔玩具的研发、生产及销售，有专业的研发团队自行设计产品。原告对其用以设计公仔玩具的17件美术作品进行了著作权登记，原告生产的sheepet舒宠软体公仔玩具在全国多地有加盟店及直营店。

2014年10月24日，原告和谐公司在位于长沙市天心区坡子街悦方购物中心的被告上海某公司经营的实体店购买了24件软体公仔玩具。其中有21款被诉侵害了原告的著作权，即涉案21款公仔玩具，上述被控侵权产品的吊牌上均标注了湖南某品牌管理有限公司。2015年1月15日，原告代理人委托西南政法大学司法鉴定中心对上述21款被控侵权产品与原告的21款相应软体公仔玩具实物及美术作品进行比对鉴定。2015年2月10日，西南政法大学司法鉴定中心出具21份鉴定意见书，其中18份鉴定意见载明，聚湘公司生产的duoduo朵朵软体公仔与原告生产的sheepet舒宠软体公仔，在整体设计上相同，在细部特征上相同或近似；2份鉴定意见载明被控侵权产品与原告的产品整体设计上近似，颜色搭配不同，细部特征相同或近似；1份鉴定意见载明被控侵权产品与原告的产品整体结构不同，细部特征不同或近似。原告诉至本院要求两被告立即停止侵权并赔偿原告50万元，两被告皆辩称不侵权。

经庭审比对，上述21款被控侵权产品中有19款产品与原告根据美术作品复制的立体化产品及美术作品相同或高度相似，从整体外观、图案内容、立体构造、颜色分布、形态特征均与原告的产品及作品相同或高度相似，与原告享有著作权的产品及美术作品构成实质性相似。本院认定被告聚湘公司生产的19款被控侵权产品侵害了原告对15件美术作品包含的19款公仔图形的复制权。被告聚湘公司将上述侵权复制品投入市场销售，亦构成对原告上述作品发行权的侵害。被告上海某公司作为从事服饰、玩具等物品的批发和零售公司，销售涉案被控侵权产品，且未提供合法的授权和来源，侵害了原告的发行权。

裁判结果：两被告立即停止侵权，并分别赔偿原告15万元、5万元。

（案情撰写：阳强强）

【评委点评】

本案的典型意义在于：

一、异种复制权在司法实务中的确定

著作权法所称的“复制权”又称“重制权”，是指以印刷、复印、拓印、录音、录像、翻录、翻拍等方式将作品制作一份或多份的权利。复制是使作品能够广泛传播和使用的重要手段；复制权是著作财产权中最基本的一项权能，著作权人行使著作权集中体现于复制权。因此，复制权是著作财产权中最重要、最基本和最普遍的权利。

复制有狭义和广义之分，狭义的复制一般仅指以同样形式制作作品，例如对文字作品的原样复印；广义复制，是除狭义复制外还包括以不同于原来形式再现作品的复制，又称“异种复制”。载体及空间表现形式是作品赖以存在的基础，作品能为人所感知，就是因为其通过一定载体的表现形式来刺激人们的视觉、听觉等感觉，使人的大脑接受有关的作品信息。异种复制以改变原作品载体及空间表现形式的方式重现原作品。

从世界范围看，《保护文学艺术作品伯尔尼公约》的一些成员国，在本国国内立法中承认异种复制，比如，规定从平面到立体再现原作品的构成复制。按《保护文学艺术作品伯尔尼公约》的规定，从平面到立体或从立体到平面再现原作品，构成复制。我国是《保护文学艺术作品伯尔尼公约》成员国，同时又加入了 WTO，我国修改后的《著作权法》删除了“按照工程设计、产品设计图纸及其说明进行施工、生产工业产品，不属于本法所称复制”条款，这表明，在我国从平面到立体再现作品的，属于著作权法意义上的复制。

二、著作权登记制度的意义

《中华人民共和国著作权法实施条例》第六条明确规定，著作权自作品创作完成之日起产生。我国实行作品自愿登记制度在于维护作者或其他著作权人和作品使用者的合法权益，有助于解决因著作权归属造成的著作权纠纷，并为解决著作权纠纷提供初步证据。著作权登记最大的好处就是方便维权，维护作者的合法权利，方便解决各种著作权纠纷，提供证据。

作品一旦进行了登记，就有据可依，就会得到法院或者相关机构的认可，方便维权。此外通过登记，可以更好宣传自己的作品。在著作权交易过程中也需要有这样的证明文件，方便签订合同，有利于作品的传播和经济价值的实现。

三、著作权纠纷中司法鉴定意见的作用

根据《司法鉴定执业分类规定》（司法通〔2000〕159 号），知识产权司法鉴定是指依法取得有关知识产权司法鉴定资格的鉴定机构和鉴定人受司法机关或当事人委托，根据技术专家对本领域公知技术及相关专业技术的了解，并运用必要的检测、化验、分析手段，对被侵权的技术和相关技术的特征是否相同或者等同进行认定。通过对司法鉴定意见的使用，案件的审理和裁判能够契合行业特点和创作规律。

（点评评委：熊　焰）

案例复核：丁德昌

案例 7

雷某诉长沙某食品科技有限公司外观设计专利侵权纠纷案

◉ 推荐单位：长沙市知识产权局

【案例导读】

外观设计是产品的整体质量不可缺少的组成部分，也称为“工业产品外观设计”，是指对产品的形状、图案或者其结合以及色彩与形状、图案的结合所做出的富有美感并适于工业上应用的新设计。自 1985 年我国《专利法》实施以来，中国在短短几十年时间里，建立起了一套既符合国际规则又符合实际国情的完整的产品外观设计专利保护制度。中国的外观设计申请量高居世界榜首，这表明中国自主创新能力不断增强、水平不断提高，专利制度在激励发明创造、推动技术创新等方面的作用日益凸显，全社会知识产权意识明显提高，越来越多的企业懂得应该如何利用外观设计专利制度来保护自己的合法权益，不断提升企业的市场竞争力。知识产权在中国国民经济总产值方面所做出的贡献也越来越大。

在知识产权保护日趋加强，外观设计专利总量不断增长的今天，外观设计专利侵权的风险也随之增大。产品有了外观设计，专利权才能在外观设计专利侵权纠纷中保护产品的合法权益，并且让外观设计专利侵权行为人承担法律责任。本案中，被控侵权设计——带半封口手柄的饮料瓶，果汁饮料近两年在包装上使用得非常普遍。因此众多被控侵权的厂家、商家在生产和销售涉案的饮料瓶前都未曾考虑和查证其行为是否可能构成侵权。目前，社会公众对知识产权的认识还不够，本案的处理一定程度上起到了普及知识产权法律，提高公众知识产权意识的作用。

（编辑：张亚利）

【案情介绍】

请求人雷某（以下简称请求人）是“瓶子（千百知1）”外观设计专利的专利权人。请求人就其与被请求人长沙某食品科技有限公司侵害外观设计专利纠纷一案，向长沙市知识产权局提出处理请求，请求责令被请求人立即停止专利侵权行为；责令被请求人赔偿请求人经济损失100万元；责令被请求人承担本案行政执法费用及其他所有费用。长沙市知识产权局于2018年1月10日受理后组成合议组进行处理，于2018年3月15日作出处理决定。

本案中，被请求人长沙某食品科技有限公司提供了工矿购销合同等证据证明涉案饮料瓶系其从第三方购得，因此长沙市知识产权局对请求人主张的被请求人的制造行为不予支持。经审查，请求人提交的被控侵权产品芒果汁饮料瓶及对应照片、购买票据能够相互印证，根据被控侵权产品包装上所使用瓶贴内容，结合被请求人陈述，认定被请求人长沙某食品科技有限公司实施了销售被控侵权产品的行为。

关于被控侵权产品芒果汁饮料瓶是否落入外观设计专利权的保护范围是本案的另一争议焦点。外观设计侵权判定有以下几个要点：（1）属于同类产品是进行外观设计侵权判定的前提。涉案外观设计产品属于饮料包装瓶，用于装放果汁，瓶装销售；被控侵权产品用于芒果汁饮料的包装，故两种产品属于同一产品类别。（2）普通消费者的眼光是外观设计侵权判定的标准。根据涉案外观设计专利的简要说明记载，涉案外观设计产品的设计要点在于主视图所体现的设计，从该专利的主视图来看，其设计要点为瓶体形状和半封口的手柄形状及两者形成的独特整体。将被控侵权的包装瓶与涉案专利外观设计进行比较，两者瓶身形状、手柄形状和瓶体整体形状一致，手柄内部与瓶身连接处都为半封口设计，与外观设计专利设计要点相符。两者也存在以下区别：①从主视图看，瓶盖厚度不同，且被控侵权产品瓶盖下方另有一圈螺纹设计，螺纹下方有凹槽设计；②从主视图看，被控侵权产品瓶身下端有一圈凸出点状设计，涉案专利无对应设计；③从仰视图看，被侵权产品底部有“X/Y”标识，涉案专利无对应设计。但以上区别都属于一般消费者无法注意到的细微差异，对整体视觉效果不构成显著影响。（3）整体观察、综合判断是外观设计侵权判断的主要方式。经整体观察，综合比对，被控侵权设计与专利设计在整体视觉效果上无实质性差异，属于近似设计。因此被控侵权的芒果汁饮料瓶落入涉案专利“瓶子（千百知1）”的保护范围。

长沙市知识产权局作出处理决定，被请求人长沙某食品科技有限公司未经专利权人雷某的许可，为生产经营目的，销售被控侵权的芒果汁饮料瓶的行为侵犯了请求人雷某的外观设计专利权，责令其停止侵权，驳回请求人雷某的其他处理请求。

（案情撰写：周素芳）

【评委点评】

一、外观设计侵权判定标准

关于外观设计侵权判断标准，2010年开始实施的《最高人民法院关于审理侵犯专利权纠纷案件应用法律若干问题的解释》第十一条确立了整体视觉效果模式：人民法院认为外观设计是否相同或者近似时，应当根据授权外观设计、被诉侵权设计的设计特征，以外观设计的整体视觉效果进行综合判断。该判断标准是在实践中沿用已久的混淆标准和新颖点标准基础上发展起来的，由于上述两种标准在实践中都有各自的弊端，因而整体视觉效果标准便在二者的基础上取舍后确立起来。其中混淆标准是指判断被控侵权产品的外观与专利产品是否相同，应当从一般消费者的角度来看。在具有购买者通常所具备的观察力的一般消费者眼中，两项设计在外观上相同或者近似，观察者在误认为二者为同一产品的基础上购买了被控侵权产品，则可以认定侵权的成立。而新颖点标准是指在判断一件被控侵权产品是否构成侵权时，应当以具有外观设计专利权的产品是否包含有能引起一定群体消费者注意的创新设计，以及被控侵权产品是否包含了同样的创新设计，如果被控侵权产品同样包含了外观设计专利中一般消费者能够观察到的创新设计，即构成侵权。

具体到该案，整体判断体现的是一般消费者混淆原则，因为消费者在购买产品时，其注意力往往放在产品的整体外观上，而创新设计（要部）对比则体现了新颖点标准。该案中由于从整体视觉效果上看，被控侵权产品与专利产品无实质性差异，且不同部分设计要部区别不大，处于消费者不能直接观察到的部位，所以两种饮料瓶从整体视觉效果和技术特征方面相似，属于近似设计，由此可以判断构成侵权。

二、外观设计侵权处罚认定

根据国家知识产权局《专利行政执法办法》第四十三条第三款，侵权人销售专利侵权产品或者依照专利方法直接获得侵权产品的，责令其立即停止销售行为，并且不得使用尚未售出的侵权产品或者以任何其他形式将其投放市场；尚未售出的侵权产品难以保存的，责令侵权人销毁该产品的规定。该案中，“瓶子”这一外观设计专利是设计者智力活动的成果，已经被授予专利权，专利权人的合法权益应受法律保护。长沙某食品科技有限公司提供证据证明侵权商品是其合法取得并说明提供者，则不承担制造侵权商品的法律后果。但该公司是以生产经营为目的，销售被控侵权的芒果汁饮料瓶的行为侵犯了请求人雷某的外观设计专利权。所以，长沙市知识产权局责令其停止侵权，驳回请求人雷某的其他处理请求的决定是妥当的。

该案件简单，便于宣传和启发民众，同时对于司法实践中外观设计专利权的认定具有较好的借鉴意义，对于防止企业侵犯产品的外观设计专利具有引导意义。

（点评评委：赵香如）

案例复核：丁德昌

案例 8

生产销售仿冒“长康”牌香芝麻调味油知名商品特有包装装潢纠纷案

◉ 推荐单位：长沙县人民法院

【案例导读】

本案是一起擅自使用知名商品特有包装装潢的不正当竞争纠纷案件。长康芝麻油在全国具有很高的知名度和美誉度，市场上不断涌现大量假冒仿冒“长康”商标或包装装潢的产品。本案中，涉案芝麻油商品系对消费者生命健康安全有重大影响的日常食用调味品，被告生产的被控侵权芝麻油产品成本低廉，质量低劣，危害食品安全，损害了信赖原告“长康”品牌的消费者的合法权益。本案的审理，不仅打击了恶意侵权者，保护了权利人的合法利益，更是利用知识产权维护了食品安全，保护了广大消费者的合法权益。

经营者不得擅自使用知名商品特有的名称、包装、装潢，或者使用与知名商品近似的名称、包装、装潢，以免造成和他人的知名商品相混淆，使购买者误认为是该知名商品。

在中国境内具有一定的市场知名度，为相关公众所知悉的商品，应当认定为《反不正当竞争法》第五条第二项规定的“知名商品”。人民法院认定知名商品，应当考虑该商品的销售时间、销售区域、销售额和销售对象，进行任何宣传的持续时间、程度和地域范围，作为知名商品受保护的情况等因素，进行综合判断。原告应当对其商品的市场知名度负举证责任。

具有区别商品来源显著特征的商品名称、包装、装潢，应当认定为反不正当竞争法第五条第二项规定的“特有的名称、包装、装潢”。

（编辑：刘文献）

【案情介绍】

湖南省长康实业有限责任公司系国内知名食用油生产企业（以下简称“长康公司”），其生产销售的“长康”牌香芝麻调味油产品自2006年启用新的包装装潢，已持续使用十余年。“长康”牌香芝麻调味油于2008年被授予湖南名牌产品称号，于2004年、2007年连续两次获得无公害农产品认证。长康公司使用在“香芝麻调味油”上的“长康”注册商标于2006年被认定为驰名商标，自1997年至2017年连续7届被认定为湖南省著名商标。“长康”牌香芝麻调味油产品的销售遍及全国各省市自治区，具有很高市场占有率和知名度。

长康公司经调查发现，由含山县某调味品厂生产、销售的“长庚”牌香芝麻调味油产品的瓶贴及包装纸箱与长康公司产品极为近似，“长庚”牌香芝麻调味油的包装、装潢与原告“长康”牌香芝麻调味油相比，视觉上基本无差别，易使相关公众产生混淆。据此，长康公司将生产商含山县某调味品厂及销售商起诉至长沙县人民法院，请求法院判决停止侵权、赔偿经济损失30万元及合理开支4.4万元。

本案主要争议焦点在于“长康”香芝麻调味油的包装装潢是否构成知名商品特有包装装潢以及赔偿数额如何确定。法院经审理后认为，综合“长康”商标的使用年限、长康系列产品的宣传情况、受保护记录等，“长康”牌香芝麻调味油在全国芝麻油市场中具有较高知名度，为相关公众所知悉，可以认定为《反不正当竞争法》第五条第二项规定的“知名商品”。“长康”牌香芝麻调味油采用的是纸质包装。装潢上，整体使用红黄两色，红色多，黄色少。正面中上部有一个突出的类似长命锁的图案，呈红色，图案中有“长康”两个白底大字，两字横向排列，两字下面是白底的大写英文字母。长命锁下方是“龙”在内“祥云”在外组成的圆形图案。上述包装装潢特色鲜明，具备与其他芝麻油品牌相区分所需的显著性，属于《反不正当竞争法》第五条第二项所保护的“特有包装装潢”。“长庚”牌香芝麻调味油的包装装潢与“长康”牌香芝麻调味油的设计要素基本一致，整体上构成近似。由于“长康”牌香芝麻调味油具有较高的知名度，相关公众施以一般注意力时，易对“长庚”牌香芝麻调味油的来源产生误认。依据（1993 年）《反不正当竞争法》第五条第二项，法院综合考虑“长康”牌香芝麻油的知名度、被告侵权行为的性质、时间、涉案商品为食品等因素，判决被告赔偿经济损失及合理开支共计 10 万元。

（案情撰写：吴庆文）

【评委点评】

一、关于知名商品

我国《反不正当竞争法》第五条第二款中提出了知名商品的概念，该款规定，擅自使用知名商品特有名称、包装、装潢，或者使用与知名商品近似的名称、包装、装潢，造成和他人知名商品相混淆，使购买者误认为是该知名商品的为法律禁止的不正当竞争行为。法律将商品名称、包装、装潢纳入保护范围，提升了企业无形资产的价值，也有效地扩展了知识产权的保护范围。知名商品的知识产权保护具有特殊的法律特征，其权利客体内涵非常丰富，包括注册商标、商品名称、外观设计、包装、装潢、产品本身，其保护客体具有多层次、立体性特征。类似的著名案例有王老吉公司与加多宝之间的“红罐”知名商品之争。侵犯知名商品的案件不仅仅损害权利人的合法利益，还侵害公众、广大消费者的合法利益——因为消费者所买到的侵权商品并不是其原本想买到的目标商品，例如，回归到王老吉的红罐尽管外形没有多少变化，但内在凉茶已不再是加多宝公司经营时的那个配方、不再是以前的凉茶品质。本案中尽管长庚不同于长康，但包装、装潢方面与长康公司“长康”香芝麻调味油这一知名商品的外包装装潢极为相似，既侵犯长康公司的合法权益，也侵害广大消费者权益。

关于知名商品的认定。最高人民法院《关于审理不正当竞争民事案件应用法律若干问题的解释》第一条规定，在中国境内具有一定的市场知名度，为相关公众所知悉的商品，应当认定为反不正当竞争法第五条第二项规定的知名商品。人民法院认定知名商品，应当考虑该商品的销售时间、销售区域、销售额和销售对象，进行宣传的持续时间、程度和地域范围，作为知名商品受保护的情况等因素，进行综合判断。原告应当对其商品的市场知名度负举证责任。本案中，长康公司生产销售的“长康”牌香芝麻调味油产品自 2006 年启用新的包装装潢持续使用达十余年之久。“长康”牌香芝麻调味油于 2008 年被授予湖南名牌产品称号，于 2004 年、2007 年连续两次获得无公害农产品认证。“长康”注册商标于 2006 年被认定为驰名商标，自 1997 年至 2017 年连续 7 届被认定为湖南省著名商标。“长康”牌香芝麻调味油产品的销售遍及全国各省市自治区，具有很高市场占有率和知名度。因此，本案中的“长康”牌香芝麻调味油符合知名商品的法律要素。

二、涉案商品与知名商品的比对

“长康”牌香芝麻调味油作为知名商品，其采用的是纸质包装，装潢上，整体使用红黄两色，红色多，黄色少；正面中上部有一个突出的类似长命锁的图案，呈红色，图案中有“长康”两个白底大字，两字横向排列，两字下面是白底的大写英文字母。长命锁下方是“龙”在内“祥云”在外组成的圆形图案。包装装潢特色鲜明、具有显著性特征，属于《反不正当竞争法》第五条第二项所指的知名商品。“长庚”牌香芝麻调味油的包装装潢与“长康”牌香芝麻调味油的设计要素基本一致，整体上构成近似。比对方法既包括设计元素的对比，也从整体上加以比对，从部分到整体均构成近似。在知识产权侵权案件中，无论是著作权还是专利侵权，无论是商标侵权案件还是不正当竞争案件，都涉及涉案对象与权利保护对象的具体比对问题，现行法律中没有具体的法条适用，近似性认定依靠司法人员从司法实践中总结经验，本案中的近似认定即是知名商品近似的一个典型案例，值得肯定。

（点评评委：赵香如）

案例复核：刘潇潇

案例 9

彭某非法制造、销售非法制造的注册商标标识审查起诉案

◉ 推荐单位：湖南省长沙市人民检察院

【案例导读】

假冒注册商标罪实施过程中，通常伴随有获取假冒注册商标标识的行为，其中一种获取方式即委托他人非法制造注册商标的标识，可以说非法制造、销售非法制造的注册商标标识罪系假冒注册商标罪的上游犯罪，也系生产、销售伪劣商品类罪的上游犯罪之一，对于产品质量、产品安全危害极大。我国《刑法》第二百一十五条规定，伪造、擅自制造他人注册商标标识或者销售伪造、擅自制造的注册商标标识，情节严重的，处三年以下有期徒刑、拘役或者管制，并处或者单处罚金；情节特别严重的，处三年以上七年以下有期徒刑，并处罚金。商标侵权可能涉及假冒注册商标罪、销售假冒注册商标的商品罪和非法制造、销售非法制造的注册商标标识罪，而认定侵权人是否构成刑事犯罪、是否应予刑事处罚还需考量非法

经营数额是否达到相应的刑事立案追诉标准。

（编辑：刘文献）

【案情介绍】

2002年，湖南省长康实业有限公司经注册使用“长康”商标，注册商标注册有效期限至2022年11月13日，经国家工商行政管理总局商标局核定，该商标在该公司生产的芝麻油等商品上使用。2000年，贵阳南明老干妈风味食品有限责任公司经注册使用“陶华碧老干妈”商标及图案，注册商标有效期限至2023年5月20日，经国家工商行政管理总局商标局核定，该商标在该公司生产的油辣椒等商品上使用。

2014年6月以来，彭某在未经许可授权的情况下，非法印制知名商标“长康”“老干妈”等产品的外包装，并非法销售给制售假冒产品的李某、胡某等人，非法生产、销售时间持续一年之久，伪造商标标识数量达16000余件，非法经营数额6万元以上，使贵阳南明老干妈风味食品有限公司（以下简称“老干妈公司”）、湖南省长康实业有限责任公司（以下简称“长康公司”）蒙受较大经济损失。2016年5月10日，宁乡县人民检察院历经两次退回公安机关补充侦查，仍证据不足，对彭某强作出存疑不起诉决定。市检察院接到商标权利人老干妈公司和长康公司的申诉后，高度重视，立即启动申诉复查程序，并召开检察委员会专题研究。经研究认为，商标侵权的事实基本能够认定，只是认定非法经营数额的证据不足，有继续补证后起诉的可能性。秉着对侵犯知识产权犯罪严厉打击和对商标权利人充分保护的决心，市检察院撤销原不起诉决定，将案件交由新成立的知识产权检察局重新审查。

由于前期侦查工作的不细致、不规范导致被告人伪造注册商标标识的数量和非法经营数额等案件主要证据存在诸多矛盾。在认真梳理案件证据状况的基础上，市检察院多次召开检察官联席会议，研究拟定补证方案，及时调整补证策略。一方面，加强与质量监督管理部门、市公安局食品药品环境管理支队的衔接，查明有关联物证去向，对已扣押的关键物证的扣押笔录和物证照片予以完善，对其他有关联的物证进行补充扣押并完备形式要件，确保商标侵权事实有客观证据印证。另一方面，积极与被害单位沟通，补充调取认定商标侵权的各项书证，委托鉴定单位对扣押物证上附着的注册商标进行同一性比对，并出具相关意见，进一步锁定被告人未经授权、许可擅自伪造注册商标标识的犯罪事实。为排除证据矛盾，知识产权检察局在对被告人进行讯问时，将口供固定到伪造、销售的每个细节。本案关键证人李某已被判刑且因病保外就医，该局多次与李某真情沟通，考虑到其行动不便，派员前往李某老家安徽省一偏僻乡村取证，得到了李某的积极配合。通过对关键证人证言亲历性复核，核实了被告人伪造注册商标标识的数量和非法经营的数额，锁定了伪造注册商标标识的去向。通过有效补证，最终使全案证据形成完整的证明锁链，达到“结论唯一”“排除合理怀疑”的证据标准。最终，本案根据《刑法》第二百一十四条，最高人民法院、最高人民检察院《关于办理侵犯知识产权刑事案件具体应用法律若干问题的解释》第三条的规定，该案被告人彭某被判犯非法制造、销售注册商标标识罪，处有期徒刑一年，宣告缓刑二年，并处罚金人民币三万元。

（案情撰写：严　林）

【评委点评】

一、关于撤销原不起诉决定问题

根据我国《刑事诉讼法》第一百七十一条的规定，在检察机关审查起诉时，对于需要补充侦查的，可以退回公安机关补充侦查，但以补充二次为限。本案中，公安机关补充侦查后证据仍然不充分，检察机关遂作出了不起诉的决定，案件应当发生终止的法律效力。同时根据《人民检察院刑事诉讼规则（试行）》第四百零五条规定，人民检察院根据刑事诉讼法第一百七十一条规定作出不起诉决定的，在发现新的证据，符合起诉条件时，应提起公诉。因此，在没有新的证据的情形下，检察机关不能撤销原来的不起诉决定，但受害人可以自诉。如果存在新的证据，检察机关无须撤销原来的不起诉决定，而可以直接提起公诉。

二、检察机关所体现的司法价值问题

当前保护知识产权成为全球性话语，中国在加入WTO后为了履行TRIPS协议中的义务而加强了保护知识产权的力度，我国司法机关在司法过程中也体现了这样的价值倾向。但是保护知识产权也应遵守法律规定和法治精神，否则只会损害法律的公信力并最终损害知识产权保护。

该案在充分发挥检察机关的法律监督职能，有错必纠，保护知识产权等方面具有较强的典型性、指引作用和启发意义。但是该案中检察院撤销已生效的不起诉决定，在法律适用上有瑕疵，其根本问题在于刑事诉讼法（包括最近新修订的刑事诉讼法）未对其予以明确规定，而检察机关的内部规定并非国家层面的法律，难以为所有相关办案人员知悉。因此该问题宜在今后的刑事诉讼法修订时予以明确。

（点评评委：赵香如）

案例复核：刘潇潇

案例 10

三一重工股份有限公司、三一集团有限公司诉深圳某股份有限公司侵犯商标权及不正当竞争案

◉ 推荐单位：三一集团有限公司

【案例导读】

在激烈的市场竞争中，商标作为企业商品或服务的显著标识，成为企业品牌建设的重中之重，驰名商标作为一个社会和经济发展的产物则应运而生。驰名商标法律保护制度作为一项重要的知识产权制度，经历了产生、发展、成熟、完善的阶段。随着驰名商标具有越来越重要的经济意义，对其进行特殊保护的必要性和迫切性日益增强，因此国际上和国内都进行了相关的立法来保护驰名商标。我国虽已加大了对驰名商标的保护力度，但与驰名商标有密切联系的经济正在飞速发展，新的问题不断出现，须进一步加强对驰名商标的法律保护。

本案是一起典型驰名商标获得特别保护的案件。三一重工公司是国内知名企业，其所拥有的第 1550×××号“三一”文字注册商标被相关公众广

为知晓。深圳某股份有限公司在照明类产品上突出使用“三一”标识，并在其企业名称中冠以“三一”文字。对此法院判定深圳某股份有限公司的行为构成商标侵权及不正当竞争。本案通过对驰名商标的司法认定，有力地保护了商标权人的合法利益。对于维护正常的经济秩序，制止“傍名牌”“搭便车”行为；对于促进知名企业的品牌建设都具有积极的意义。

（编辑：张亚利）

【案情介绍】

原告三一集团有限公司于 2000 年成立，注册资本为 32288 万元，经营范围以自有合法资产进行高新技术产业、汽车制造业、文化教育业、新能源、互联网业的投资。关联公司三一重工股份有限公司于 1994 年成立，经营范围为建筑工程机械、起重机械等生产、销售等。原告自成立以来，一直使用“三一”作为企业字号。2001 年 4 月 7 日，三一重工股份有限公司在挖掘机、搅拌机、推土机等商品上注册第 1550×××号“三一”商标。2010 年 6 月 21 日，在机床、电子工业设备等商品上注册第 6131×××号“三一”商标。关联公司三一重工 2003 年 7 月 3 日在上海证券交易所挂牌上市，股票代码为 600×××，股票名称为“三一重工”。通过原告十多年来的持续使用和大量的广告宣传，“三一重工”字号与“三一”注册商标已经在国内外产生了很高的知名度和极高的声誉，是相关公众将原告与其他企业区分开来的显著特征，应当受到法律保护。

2015 年，三一集团有限公司在市场监测中发现，深圳某股份有限公司在字号中使用该公司“三一”商标，并在网页宣传、外墙广告、公交车车身广告使用“三一”商标。三一集团有限公司认为深圳某股份有限公司侵犯其商标权，误导消费者，构成不正当竞争。

三一重工股份有限公司、三一集团有限公司将深圳某股份有限公司诉至北京知识产权法院，北京知识产权法院支持了原告的相关诉讼请求。

（案情撰写：刘　聪）

【评委点评】

一、驰名商标认定因素

驰名商标是指为相关公众广为知晓并享有较高声誉的商标。确定一个商标是否驰名应综合多方面因素衡量，商标局、商标评审委员会在认定驰名商标应当根据《商标法》第十四条规定，综合考虑下列因素，但并不以必须满足下列全部因素为前提：(1) 相关公众对该商标的知晓程度；(2) 该商标使用的持续时间；(3) 该商标的任何宣传工作的持续时间、程度和地理范围；(4) 该商标作为驰名商标受保护的记录；(5) 该商标驰名的其他因素。

本案中，早在2012年三一集团有限公司已两次通过司法途径被认定为“三一”驰名商标，而深圳某股份有限公司成立于2010年，因此，需要证明“三一”驰名商标在2010年已经达到驰名。三一集团有限公司通过全面搜集和整理其在2010年已经达到驰名商标的证据，证实深圳某股份有限公司侵犯其注册商标专用权，最终请求得到法院支持。

二、驰名商标侵权判定标准

由于驰名商标内所蕴含的巨大投入和可预期的经济利益，驰名商标长期是不法侵权者觊觎的对象，因此，对驰名商标侵权的认定与一般商标不同，前者更宽泛。对驰名商标的保护主要是从横向和纵向两方面入手，横向使与驰名商标“近似”的标识范围扩大，纵向则使驰名商标所标示的商品或服务类别扩大，从相同或类似商品或服务扩大到非类似的商品或服务上，达到给予特殊保护的目的。

本案中，根据《中华人民共和国商标法》第十三条第三款，就不相同或者不相类似商品申请注册的商标是复制、模仿或者翻译他人已经在中国注册的驰名商标，误导公众，致使该驰名商标注册人的利益可能受到损害的，不予注册并禁止使用；又根据《中华人民共和国商标法》第五十八条将他人注册商标、未注册的驰名商标作为企业名称中的字号使用，误导公众，构成不正当竞争行为的，依照《中华人民共和国反不正当竞争法》处理。此案中深圳某股份有限公司未经许可，在第 1550×××号“三一”商标核准使用的商品范围不相同亦不相似的照明类产品上突出使用“三一”商标，并在其企业名称中冠以“三一”文字。针对以上行为，法院判定深圳某股份有限公司的行为构成商标侵权及不正当竞争。

三、驰名商标侵权处罚认定

法院依据《中华人民共和国商标法》第十三条、第十四条、第四十八条、第五十七条、第五十八条、第六十三条、第六十四条，《最高人民法院关于审理民事纠纷案件适用法律若干问题的解释》第一条，《最高人民法院关于审理注册商标、企业名称与在先权利冲突的民事纠纷案件若干问题的规定》第一条第二款，《中华人民共和国反不正当竞争法》第五条第二款，《中华人民共和国反不正当竞争法》第五条、第二十条，《中华人民共和国侵权责任法》第十五条规定，判决如下：被告深圳某股份有限公司立即停止侵犯涉案第 1550×××号“三一”注册商标专用权的行为；被告自判决生效之日起三十日内变更企业名称，变更后的企业名称不得包含“三一”文字；被告判决生效之日起三十日内在其官网上、《北京晚报》上刊登声明，消除因侵权行为造成的不良影响；被告自判决生效之日起三十日内向原告赔偿经济损失 300 万元，赔偿合理支出 209000 元。

该判决维护了“三一重工”字号与“三一”注册商标的知名度和声誉，有力地保护了知名企业的合法利益，有助于建立正常的经济秩序，促进知名企业的品牌建设。

（点评评委：龙建伟）

案例复核：王　翀

案例 11

普拉达有限公司（PRADA. S. A）诉长沙市雨花区某皮具商行商标侵权纠纷案

◉ 推荐单位：湖南天地人律师事务所

【案例导读】

近年来，随着消费者消费理念的转变和消费能力的上升，奢侈品成为品牌价值增长最快的行业，许多国际知名奢侈品品牌其商标价值评估高达数千万元乃至过亿元。与此同时，越来越多的仿冒奢侈品品牌商品也严重影响市场，这些商品价廉质次，严重影响了奢侈品的品牌形象，也侵害到消费者的利益。因此，近年来以五大著名奢侈品公司路易威登马利蒂（法国 LV）、古乔古希股份公司（意大利 GUCCI）、勃贝雷有限公司（英国 BURBERRY）、普拉达公司（卢森堡 PRADA）和香奈儿（法国 CHANEL）为代表，纷纷启动商标侵权维权诉讼，本案就是这些诉讼中的一个典型案例。

从本案来看，当事人在销售的产品上突出使用了“PRADA”的商标，足以造成混淆，引起消费者的误认误购，主观故意比较明显，损害了知名企业的商标权，损害了消费者的合法权益，扰乱了市场经济秩序。这种不正当地利用他人的商业信誉或商品声誉，造成自己商品与他人名牌商品相混淆的欺骗性交易行为，属于典型的商标侵权行为，应按商标侵权行为定性，并按照《中华人民共和国商标法》中有关对商标侵权的禁则进行处罚。

（编辑：田　华）

【案情介绍】

原告普拉达有限公司（PRADA. S. A）在中国依法拥有注册于第 18 类商品的第 1263×××号“PRADA”商标，该商标的有效期自 1999 年 4 月 14 日起至 2009 年 4 月 13 日止，后经续展注册有效期至 2019 年 4 月 13 日。核定使用商品含手提包、钱包、行李箱、公文包、运动手提包、旅行袋等。且原告在 2017 年的《服饰与美容》杂志对涉案的第 1263×××号“PRADA”商标进行了广告宣传。“PRADA”为全球著名奢侈品品牌，国内众多知名报纸、杂志及其官网上都有其品牌专栏，具有极高知名度。

被告长沙市雨花区某皮具商行位于长沙市雨花区高桥大市场现代商贸城，高桥大市场是湖南乃至整个中南地区重要货物批发商城，其货物的销售渠道广，产品品种繁多，从零售到批发不等，销售量巨大、面对的客户群体多，对产品品牌的声誉影响较大，湖南地区大量商家的产品来源于高桥大市场。

2017 年年初，原告公司委托的调查取证人员发现，在湖南市场内存在大量销售侵犯“PRADA”商标的公文包，原告的正品“PRADA”公文包售价从几千元到上万元不等，而侵权产品的售价仅为几十元到几百元之间，并且侵权产品质量存在粗制滥造、严重瑕疵等问题，对原告的“PRADA”品牌声誉造成严重不良影响。由于原告普拉达有限公司系在卢森堡注册成立的企业，其委托安德鲁作为代理人，针对在中华人民共和国境内侵犯原告知识产权或实施不正当竞争行为的任何自然人、法人或其他组织采取法律行动，并授权安德鲁有权委托中华人民共和国境内的律师、商标代理人及其他提供知识产权代理调查服务的单位或者个人，进行相关代理活动。

由于本案原告为国外法人，根据我国相关法律法规，国外当事人委托授权国内代理人从事代理行为必须办理相关授权委托手续，即经过大使馆公证，且有明确的授权代为签署起诉状。2017 年 3 月 16 日，湖南省长沙市麓山公证处出具（2017）湘长麓证民字第 1××× 号公证书，据该公证书记载，广州锐正知识产权服务有限公司受权利人普拉达有限公司的委托代理人安德鲁的委托进行维权，其委托代理人为陈某。2017 年 3 月 3 日 11：03 在公证员监督下，陈某以普通消费者的身份在湖南省长沙市雨花区长沙大道与万家丽路交汇处附近的高桥大市场皮具饰品城一楼的一家店铺，该店铺门口标有“凯迪保罗”等字样，支付 700 元现金购得外包装上标有“PRADA”字样的商品一件。

广州锐正知识产权服务股份有限公司于 2017 年 5 月 3 日出具鉴定书，称涉案产品为冒用原告注册商标的产品（广州锐正知识产权服务股份有限公司是经原告公司代理人安德鲁授权，有权代为辨别和鉴定侵权产品，并代为出具有关产品鉴定证明的机构）。

依据《中华人民共和国商标法》第五十七条第一、第二、第三项的规定，有下列行为之一的均属侵犯注册商标专用权：（一）未经商标注册人的许可，在同一种商品上使用与其注册商标相同的商标；（二）未经商标注册人的许可，在同一种商品上使用与其注册商标近似的商标，或者在类似的商品上使用与其注册商标相同或近似的商标，容易导致混淆的；（三）销售侵犯注册商标专用权的商品的。本案中，被控侵权商品为公文包，与原告第 1263××× 号“PRADA”商标核定使用的商品公文包类别相同，原告主张被控侵权产品上的“PRADA”标志与原告第 1263××× 号“PRADA”商标相同成立。审理法院认为，该产品属于《中华人民共和国商标法》第五十七条第一项规定的侵犯第 1263××× 号“PRADA”注册商标专用权的商品。2017 年 8 月，长沙市中级人民法院依法判决，判令被告立即停止侵权行为，并赔偿原告经济损失 4 万元，诉讼费由被告承担。

（案情撰写：曾建龙）

【评委点评】

本案是一起典型的高知名度品牌维权纠纷，且原告方为在卢森堡注册的外国知名公司。本案的典型意义表现在以下三个方面。

第一，明确了奢侈品商标保护的必要性。有观点认为奢侈品商标并非法律概念，在目前生效的有关国际公约和国内相关法律法规中，也无奢侈品商标这一概念，但在实际生活中商标作为奢侈品的代表工具，具有象征意义。通过商标的流通，奢侈品方能成为消费者标识自己身份地位和财富的标签，人们看到、听到奢侈品的商标就不由自主地有这样的意识：获得了奢侈品，自己就获得了上流社会的生活体验和高级品位。在这种情况下，商标向人们宣示了奢侈品的精神文化意义，奢侈品商标具有了普通商标不具备的特殊价值。也正是基于奢侈品商标相对一般商标所蕴含的价值和带来的影响远远大于后者，奢侈品商标侵权行为带来的危害自然也比一般商标侵权的危害更大。奢侈品商标的品牌保护，有利于促进社会经济的良好发展，保证商品交换机制的安定有序，维护与企业生存成长息息相关的市场。

第二，国外公司授权委托中国律师的程序规则。依《中华人民共和国民事诉讼法》第二百四十条的规定，在中华人民共和国领域内没有住所的外国人、无国籍人、外国企业和组织委托中华人民共和国律师或者其他人代理诉讼，从中华人民共和国领域外寄交或者托交的授权委托书，应当经所在国公证机关证明，并经中华人民共和国驻该国使领馆认证，或者履行中华人民共和国与该所在国订立的有关条约中规定的证明手续后，才具有效力。本案中原告普拉达公司按此程序在我国委托中国律师代理本案，具有示范效力。

第三，确定赔偿金额标准的问题。普拉达公司所举证据无法证实被告的侵权行为致其遭受到的实际损失，亦无证据证实被告因实施侵权行为所获得的利润，故原审法院在法定赔偿限额范围确定赔偿金额。本案中，第1263×××号“PRADA”商标在国内具有较高知名度；普拉达公司于2017年3月3日公证购买涉案侵权商品，普拉达公司为制止侵权支付了律师费、公证费、购买侵权商品费等合理开支。基于前述情节，原审法院酌情认定承担的赔偿数额为 40000 元，该款含普拉达公司为制止侵权行为所产生的合理开支费用。

本案的示范作用还在于原告方为外国企业，涉及法律适用的问题。基于商标权的地域性，且考虑到行为最终损害的是外国企业和消费者在我国的合法权益，也就是说其行使权利的行为与中国市场存在实质的联系，因此适用《中华人民共和国涉外民事关系法律适用法》第五十条的规定，知识产权的侵权责任适用被请求保护地法律。故本案适用中华人民共和国法律。

通过该案，我们了解到涉外商标侵权维权工作具有长期性和复杂性。侵权人往往存在侥幸心理，使侵权行为越发嚣张。因此，我们应当加强宣传力度，提高对商标侵权违法行为危害性的认识，树立根除商标侵权违法行为的信心，倡导德法兼治。同时，要加强法制宣传，加强社会公众市场主体对商标侵权危害性的认识，使社会公众市场主体认识到商标侵权对社会发展、市场环境和国际形象的严重危害，从根本上自觉地抵制商标侵权行为。

（点评评委：龙建伟）

案例复核：丁德昌

案例 12

湖南长沙龚某涉嫌销售假冒注册商标的假酒案

◉ 推荐单位：湖南省长沙市公安局

【案例导读】

随着行业竞争加剧，正规渠道酒水销售利润大幅降低，少数经销商、销售终端面对这一情况不去寻找突破转型，而是动起歪心思，销售假酒寻求高额利润。现阶段的假酒通常指以次充好的酒水，这类假酒不仅损害了消费者的利益，给其健康带来潜在威胁，而且给仿冒的品牌带来负面影响，破坏了酒类销售市场的正常秩序。从此次假酒案中不难发现，被仿冒的酒类产品均是以全国名酒为主，产品集中在中端、高端。这类酒在大多数情况下存在购买与消费分离的状态，容易造成购买者很多时候并不知道自己购买的是假酒，而消费者很多时候并不会告诉购买者其买到了假酒，导致假酒市场日益猖獗。

虽然近几年市场监督管理局对白酒制假售假不断提高打击力度，但制假售假者也不断翻新花样来躲避执法人员或厂家的监督。遵守诚实信用原则，规范开展经营活动是司法所倡导的公平竞争环境的应有之意。在知识产权保护力度不断加大的今天，却仍有一小撮不法分子无视国家法律，违背商业道德，肆意生产、销售假冒产品以谋取利益。本案是一起销售制造假冒名酒的典型侵权案件，茅台、五粮液等名酒在我国消费者中具有良好的口碑和市场声誉，属于高档白酒。案中嫌疑人制造销售假酒，最终流向市场，对消费者身体健康造成影响，对注册商标厂家声誉造成影响。长沙市雨花区公安分局对假酒生产窝点的查获有力打击了侵犯知名酒类商品注册商标的违法行为，对于规范酒类市场经营秩序有积极促进作用。

（编辑：张维新）

【案情介绍】

从2016年10月开始，长沙市公安局雨花区分局经侦查发现：株洲石峰区某烟酒店老板彭金某以260元每瓶的价格购买假冒“湘窖”注册商标的“湘窖酒”30余件，价值5万余元。据此发现，长沙市公安局雨花区分局开始追查销售假冒注册商标犯罪嫌疑人的踪迹。随着侦查工作的深入，发现在长沙市黎托花桥村盘踞着一个特大的制贩假酒窝点，生产出来的假酒在湖南各地销售。据了解，该团伙成员十分狡猾，制作出来的假酒极度逼真，在全国各地销量十分巨大。

2017年4月23日，长沙市公安局雨花分局组织警力分别在常德、湘潭、长沙县等地开展统一收网行动。现场共抓获违法嫌疑人22人，捣毁假酒生产窝点9个、假货仓库2个，缴获压盖机、激光刻字机、热打码机、假冒商标包装盒、假冒名酒商标、进货单据、送货单据等一批制造假酒的设备、装备，缴获假冒茅台、五粮液、1573酒的成品、半成品500余件（3000余瓶），涉案价值共计1500余万元。经查，该团伙构建了一个以雨花区为据点的“家庭式作坊、老乡式营销”的生产、销售伪劣白酒网络，以龚某为首，租赁雨花区黎托街道、长沙县黄兴镇等地区的9个出租屋作为生产、销售伪劣白酒的窝点，以其家庭成员为纽带，通过分工协作，将内装低档白酒兑散装白酒，外配假冒茅台、五粮液等高档白酒包装的假酒通过物流销往省内外。目前，10人因涉嫌假冒注册商标罪被依法刑拘，另外 6 人取保候审。

（案情撰写：颜　俊）

【评委点评】

在当前违法犯罪活动信息化、智能化、网络化日益突出的形势下，公安机关如何突破传统手段和机制的束缚，实现转型优化发展，是当前急需破解的难题。本案在以下三个方面提供了良好示范。

第一，解决收集固定证据的难题。物证在诉讼中有非常重要的意义，是能够证明案件事实的物品和物质痕迹，在刑事诉讼中伴随着案件的发生而出现，是犯罪嫌疑人、被告人的犯罪行为及与犯罪有关的伴生行为在人类社会引起的“物质变化”。物证不但是侦破案件的向导还是鉴别其他证据的重要手段，能促使当事人陈述违法犯罪事实。通过研究物证，可以发现案件发生时犯罪嫌疑人以及被害人的行为特征的情况，从而有利于案件侦破。然而，由于假冒商标侵权犯罪带有很强的隐蔽性和案发时间的滞后性，证据很难及时收集，给固定犯罪证据带来很多困难。在本案中，公安机关统筹数据，虚实结合，找到了制假售假窝点的准确位置。准确定位制假售假窝点，是案件侦办成功的关键，也是犯罪证据链条的重要组成部分。专案组统筹网上交易、物流、作案车辆等信息数据，通过网上追踪、定位跟踪等手段，最终锁定了制假售假窝点。

第二，深挖生产销售运输网络的难题攻破。注册商标犯罪往往涉及生产、储存、销售、运输、假冒商标的印刷等诸多环节，往往多人纠集，团伙作案，分工周密，逐步形成产供销一条龙的专业化分工和组织形式，给侦破工作带来困难。应加强侵权假冒重点人员黑名单户建设，落实动态管控措施，加大通信电子商务物流寄递行业的阵地控制，落实经营者、从业人员、顾客实名登记，加强对包装印刷等行业的日常治安管理，从中发现和收集犯罪线索，做到打防结合，标本兼治，从源头铲除制假售假的土壤，让其无处遁形。

第三，行政执法机关协作机制的健全、行政违法与刑事犯罪相互交织，往往难以区分，特别是假冒注册商标犯罪行为与商标纠纷、商标侵权以及其他一般的民事侵权行为往往混合在一起，容易在案件性质认定上发生偏差。加上行政执法部门在查处案件时往往缺乏经营意识，发现就查处，致使许多假冒注册商标的数额达不到，刑事案件立案标准只能作为行政案件处理，也降低了打击力度。本案依托情报侦查平台，专案组及时获取指令，在第一时间开展查证工作，同时把在侦查中获取的线索、疑点等信息，通过平台迅速反馈到情报研判部门作进一步深度研判，形成互动性强、灵敏度高的工作机制。专案组摒弃了以部门单兵作战的形式，在侦查过程中形成了指挥中心、经侦、刑侦、网技、治安（包括派出所）等诸警种共同参与，多侦联动的新模式。各警种根据查证指令要求，各司其职、通力协作，体现了优势互补、信息互通、警力互动的良好格局。

（点评评委：周平平）

案例复核：王　翀

案例 13

王某、林某假冒注册商标审查起诉案

◉ 推荐单位：湖南省长沙市人民检察院

【案例导读】

假冒注册商标罪不仅侵犯了权利人的注册商标专用权，扰乱了国家商标管理秩序，而且造假者往往没有达到合格的生产条件，因为利益的驱使而使用正品的包装鱼目混珠，受到最大伤害的其实是消费者。商标的使用，是指将商标用于商品、商品包装或者容器以及商品交易文书上，或者将商标用于广告宣传、展览以及其他商业活动中，用于识别商品来源的行为。在本案中，造假的对象为烟花、鞭炮，这类产品与公众的生命健康密切相关，没有经过检验合格的小作坊产品会直接威胁到公众的生命安全。长沙市人民检察院知识产权检察局对这类案件的严厉打击，将有利于减少制假、售假对社会的危害。

我国《刑法》第二百一十三条规定，未经注册商标所有人许可，在同一种商品上使用与其注册商标相同的商标，情节严重的，处三年以下有期徒刑或者拘役，并处或者单处罚金；情节特别严重的，处三年以上七年以下有期徒刑，并处罚金；情节特别严重的，处三年以上七年以下有期徒刑，并处罚金。

（编辑：刘文献）

【案情介绍】

浏阳市某烟花制作有限公司系“BGS 榜山”文字及图案注册商标注册人，有效期经续展自 2005 年 3 月 14 日至 2025 年 3 月 13 日。核定使用商品范围包括焰火、鞭炮、烟花、引火物、烟火产品、爆竹、火器、火药。

犯罪嫌疑人王某与林某均没有经浏阳市某烟花制作有限公司授权许可生产、销售标注有“BGS 榜山”文字及图案注册商标的商品。犯罪嫌疑人王某作为委托加工方，为林某提供样品并提出数量要求，委托林某生产假冒“榜山”文字及图案注册商标的各型号烟花爆竹。林某作为加工定作方，接受王某的委托，组织人员并购进相关原材料，生产假冒“榜山”注册商标的烟花鞭炮，并按约定全部销售给王某，再由王某对外予以销售。林某分两次共计向王某发送 500 余件烟花鞭炮，王某分两次共计向林某支付货款共计约 5 万元。后因王某涉嫌无证经营烟花鞭炮被河北省辛集市公安局抓获，林某不再向王某销售其所委托生产的假冒“BGS 榜山”文字图案组合注册商标的烟花鞭炮，转而卖给第三人，在运货途中被浏阳市某烟花制作有限公司法人代表何某拦截并报案。公安机关将剩余假冒烟花鞭炮予以扣押。2017 年 4 月 13 日，犯罪嫌疑人林某向公安机关投案自首。经浏阳市价格认证中心认定，所扣押的林某生产的假冒“BGS 榜山”文字及图案组合注册商标的各型号烟花鞭炮产品，在价格认定基准日的市场批发价为 212150 元。浏阳市某烟花制作有限公司法人代表何某对两名犯罪嫌疑人均出具了谅解书。

长沙市人民检察院知识产权检察局根据案件证据，认定王某和林某实质上是一种加工承揽合同关系，林某组织人员、购进原材料来生产假冒“BGS 榜山”文字及图案组合注册商标的各型号烟花鞭炮产品，并销售给王某的行为属于未经注册商标所有人许可，在同一种商品上使用与其注册商标相同的商标的行为。犯罪嫌疑人王某作为委托加工方，尽管没有直接使用商标用于商品上，但其将产品对外销售后，商品来源指向王某而非林某，故王某的行为应认定为“商标使用行为”。且因王某委托林某所生产的假冒“榜山”烟花已全部生产完毕，王某“商标使用行为”已全部完成，犯罪已既遂，林某所生产的全部假冒“榜山”烟花鞭炮数量应计入王某假冒注册商标的数额。公诉人最终认定犯罪嫌疑人王某、林某构成假冒注册商标罪，为共犯，非法经营数额共计人民币为 262125 元，系情节特别严重。依据《刑法》第二百一三条，最高人民法院、最高人民检察院《关于办理侵犯知识产权刑事案件具体应用法律若干问题的解释》第一条的规定，浏阳市中级人民法院一审认定两被告人构成假冒注册商标罪，判处林某有期徒刑八个月，判处王某有期徒刑三年。

（案情撰写：谢丽梅）

【评委点评】

关于假冒注册商标中的“委托关系”。本案中犯罪行为的林某作为委托方，王某为受托方参与到犯罪过程中，双方之间存在一种委托关系。这是在假冒注册商标犯罪中一种比较普遍的犯罪形式，犯罪行为人当“东窗事发”后都可以为自己辩解：委托方辩解称来源于加工方，表明其有“合法”来源，而受托方则辩称系受委托人的委托，委托人没有得到授权其责任在于委托人。如何分辨这种委托关系中真正的无辜者是司法机关的办案重点，主观方面的犯罪构成需要有强有力的证据予以支撑，否则会陷入客观归罪的误区。

一、刑事诉讼中的“谅解书”

刑事诉讼司法实践中，我国司法机关越来越重视“谅解书”在量刑中的作用，在公法中考量私法因素，在刑事诉讼中体现受害人的意志，对化解社会矛盾、促进社会稳定具有重要的意义。一般而言，取得“谅解书”的前提是在民事赔偿方面受害人在经济上得到了补偿，知识产权的经济价值得到了补偿实现，因此，司法机关在办案过程中将民事赔偿作为对犯罪行为人予以酌情从轻的情形是值得肯定的。

二、特殊行业中假冒注册商标犯罪问题

本案中比假冒注册商标更为严重的情形为犯罪行为人生产的是受特别管制的产品，即烟花鞭炮危险产品。这类产品属于易燃、易爆物，在没有合格的生产条件与科学的管理方式情况下非法生产可能会发生严重的生产事故，其生产的产品可能会对人民群众生命财产安全产生巨大的危害。此外，被告人生产假冒烟花鞭炮产品的包装上如果使用了他人的美术作品，还可能侵犯案外人的著作权。因此，本案可能涉嫌的罪名还有《刑法》第一百二十五条非法制造、买卖、运输、储存爆炸物罪，《刑法》第一百四十条的生产、销售伪劣产品罪。本案司法机关从保护知识产权的角度定罪量刑，从某种意义上也体现了司法机关加大知识产权侵权违法行为惩治力度、加强知识产权保护、塑造良好营商环境的坚定决心和有力举措。

（点评评委：周平平）

案例复核：王　翀

案例 14

石家庄某机电有限公司与长沙琦清机械设备有限公司专利侵权及专利无效纠纷案

◉ 推荐单位：长沙联扬知识产权代理事务所

【案例导读】

2008 年实施的《国家知识产权战略纲要》将“加强知识产权保护”和“防止知识产权滥用”并列作为国家知识产权战略的重点。就前者而言，纲要提出要“修订惩处侵犯知识产权行为的法律法规，加大司法惩处力度，提高权利人自我维权的意识和能力，降低维权成本，提高侵权代价，有效遏制侵权行为”；就后者而言，纲要提出要“制定相关法律法规，合理界定知识产权的界限，防止知识产权滥用，维护公平竞争的市场秩序和公众合法权益”。有效保护专利权与制止滥用专利权犹如车之两轮，对健全我国专利制度都很重要，不可偏废。建立防止滥用专利权的机制，有两个问题不可回避：一是明确滥用专利权的内涵，也就是何种行为构成滥用专利权的行为；二是制止滥用专利权的举措，也就是应当采取何种措施来制止被认定为滥用专利权的行为。

本案被告一方面提出了中止诉讼的请求，考虑到提出的中止请求可能不会被审理法院接受，还同时提出管辖权异议；另一方面启动专利无效申请，并在二审法院开庭前即获得了无效宣告决定书，既大大减轻了被告去外省两法院进行应诉的压力，也避免了诉讼可能招致的不利后果对被告启动专利无效宣告程序形成的巨大压力。

（编辑：田　华）

【案情介绍】

长沙琦清机械设备有限公司（以下简称“琦清公司”）是专业从事乳化炸药装药机的业内龙头企业，2015 年，琦清公司陆续收到济南市中级人民法院和石家庄市中级人民法院的法院传票，通过法院传票得知专利权人石家庄某机电有限公司（以下简称“某机电有限公司”）分别在济南市中级人民法院、石家庄市中级人民法院发起了针对琦清公司的专利侵权诉讼。在两案的起诉状中，某机电有限公司主张被告琦清公司侵犯了其已经获权的实用新型专利，并分别主张超过 150 万元的专利侵权赔偿。

琦清公司收到法院传票后与其顾问服务单位长沙朕扬知识产权代理事务所（以下简称“朕扬所”）进行磋商，并随即成立工作组以应对该案可能牵涉的法律风险。

工作组成立后，代理方工作人员首先对琦清公司被诉侵权产品的专利侵权可能性进行了深入分析，如若不考虑目标专利的稳定性，则被诉侵权产品被认定侵权的可能性较大。基于专利侵权分析的不利结果，代理方律师向琦清公司提供了先用权抗辩、现有技术抗辩等各种应对措施，通过与琦清公司技术人员及市场人员的充分沟通，代理方工作人员发现该目标专利的稳定性存在明显瑕疵。依琦清公司技术人员介绍，目标专利所保护的技术方案在其申请日前已为所属领域技术人员广为使用，但由于专业领域狭窄，公开出版物相对较少。因此，如何寻获并固定足以无效目标专利的相关证据，成为需要解决的第二个问题。

为此，代理方进一步明确了分工任务，一方面代理方专利律师安排琦清公司专业技术人员去搜集现有使用公开的证据资料，同时再另外安排相关专业的专利代理人去搜集出版物公开的相关证据资料。另一方面考虑到专利权人可能存在滥用专利权的情形，代理方专利律师针对济南、石家庄的两件专利侵权纠纷案都提出了管辖权异议。

通过代理方工作人员的工作，使用公开证据和出版物公开证据的收集均取得了阶段性成果。为了能够增加无效目标专利的可能性，代理方决定在获得出版物公开证据的前提下，同时对使用公开证据进行固定，以提高专利无效的应对能力。但由于使用公开证据留存于山东某企业，为了能够顺利获得使用公开证据，代理方前期对整个证据链的构成要素、证据固定清单、取证人员沟通及公证人员安排继续投入工作。最终，琦清公司在山东保全了使用公开的相关证据。

同时考虑到对一审法院中止审理的相关诉讼程序，代理方需要在答辩期内完成无效宣告请求的提交，并办理了无效加快审查请求。然而由于答辩期时间较短，公证保全及公证书的出具均需要占用大量时间，在琦清公司提交专利无效宣告请求时前述使用公开证据尚未获得，为此琦清公司决定先行一步以出版物公开证据提交无效宣告请求，而使用公开证据则后续视情况决定是否补充提交或是另案提交。

在无效宣告请求的程序进行过程中，该无效请求经过口审之后，经过协商，在衡量诉讼成本和诉讼风险的前提下，决定暂不提交使用公开证据，等待无效宣告请求决定书的下达。

在无效宣告的审理期间，一审法院裁定驳回了琦清公司的管辖权异议，琦清公司向二审法院提交了管辖权异议的上诉。

在二审法院管辖权异议裁定期间，琦清公司收到了专利复审委员会的无效宣告决定书，通过出版物公开证据宣告目标实用新型专利全部无效。

由于专利权人最终未提起行政诉讼，两件标的额超300万元的专利侵权纠纷最终以开庭前的原告撤诉宣告结束，琦清公司获得了全面胜诉。

（案情撰写：杨　斌）

【评委点评】

本案的典型意义在于如下三个方面：第一，明确专利制度的衡平原则。专利立法通过其制度设定来最大限度地维持专利权人和社会公共间的利益平衡，这就是专利制度存在的正当性所在。一方面对专利权人的利益进行保护，给予其一定期限的垄断权，以激励其进行智力创造；另一方面防止由于这种保护超过必要的限度，阻碍智力成果传播而抑制科技成果和社会的发展。目前专利权人利用已获得的低质量的合法专利，恶意损害利益相关人的权益和法律的案例并不鲜见，此时的专利权人利用专利制度作掩护，处于相对有利的地位，而利益相关人的维权就显得那么步履维艰。本案正体现了利益主体间的利益博弈，这正是我国专利法的立法价值取向。

第二，现有技术抗辩条款的适用。现有技术抗辩始于德国，其初始目的在于防止因其规定的提起无效程序所设定的 5 年除斥期间而导致的对瑕疵专利的不当保护。我国《专利法》第六十二条规定，在专利侵权纠纷中，被控侵权人有证据证明其实施的技术或者设计属于现有技术或者现有设计的不构成侵犯专利权。根据《专利法》第六十二条的规定，判断被控侵权技术是否属于现有技术时，一般采用类似专利授权中的新颖性判断标准。《最高人民法院关于审理侵犯专利权纠纷案件应用法律若干问题的解释》第十四条规定，被诉落入专利权保护范围的全部技术特征与一项现有技术方案中的相应技术特征相同或者无实质性差异的，人民法院应当认定被诉侵权人实施的技术属于《专利法》第六十二条规定的现有技术。

第三，专利侵权诉讼与无效宣告程序的衔接问题。根据《专利法》第四十五条规定，自国务院专利行政部门公告授予专利权之日起，任何单位或者个人认为该专利的授予不符合本法有关规定，可以请求专利复审委员会宣告该专利无效，该程序称为“专利无效宣告程序”，宣告无效的专利视为自始不存在，即使行为人未经许可实施了该项技术也不构成侵权。因此此程序也作为被告进行抗辩的常见程序之一，从理论上讲，专利被质疑，并处于专利局的一个审查阶段，如果审查后认定专利确实无效，那么被告是不构成侵权的，因此专利宣告无效程序似乎会从实体上影响民事侵权行为的认定结果，根据民诉法的规定，似乎确实需要中止诉讼。根据《最高人民法院关于审理专利纠纷案件适用法律问题的若干规定》第十一条，人民法院受理的侵犯发明专利权纠纷案件或者经专利复审委员会审查维持专利权的侵犯实用新型、外观设计专利权纠纷案件，被告在答辩期间内请求宣告该项专利权无效的，人民法院可以不中止诉讼。从此条规定可以看出涉及发明专利的无效宣告程序并不是法院中止程序的必要条件，我国对发明专利申请的审查程序是经过国务院专利行政部门实质审查，其专利具有足够的法律稳定性，因此，在发明专利侵权案件中，即使涉案发明处于无效宣告程序中，也无须中止审理。

由于专利纠纷往往与专利宣告无效的行政秩序重合，因此普遍存在司法审判周期长的特点，对权利人不利，本案的解决方案对同类纠纷具有示范效应。

（点评评委：宣增培）

案例复核：王　翀

案例 15

四川华体照明科技股份有限公司诉湖南省某电器有限公司“外观专利”侵权案

◉ 推荐单位：湖南联合天成律师事务所

【案例导读】

外观设计是指工业品的外观设计，也就是工业品的式样。它是对产品的形状、图案或其结合以及色彩与形状、图案的结合所做出的富有美感并适于工业应用的新设计；是产品满足消费者个性化需求的主要因素，对一些功能差异较小的产品而言，引人入胜的外观设计对扩大市场份额起到了重要作用。但是相对于内在的功能和结构，外观更容易被模仿，于是越来越多的市场主体和产品设计者开始重视外观设计专利的申请。

外观设计专利所保护的，是具有美感的产品设计，而消费者正是欣赏这种美感，而选择了专利产品。路灯产品的美感，体现在对道路环境的装饰和美化，消费者正是基于对不同路灯产品使用状态的观察，选择自己所喜爱的那一款。这些产品凝结了设计者的智慧，路灯的外观设计主要有灯杆的造型，挑臂的弧形设计，灯具外壳整体的形状，各面弯曲的弧形，灯罩的形状等。在侵权纠纷中，应以涉及要部作为侵权判定的重点来认定被控侵权产品是否落入了涉案外观设计专利的保护范围。通常情况下，判断是否侵犯外观设计专利权的路径，主要有以下几个方面考虑：首先应审查被控侵权产品与专利产品是否属于同类产品。其次判断被控侵权产品与外观设计专利是否构成相同或相近似，根据《最高人民法院关于审理侵犯专利权纠纷案件应用法律若干问题的解释》第十条的规定，人民法院应当以外观设计专利产品的一般消费者的知识水平和认知能力，判断外观设计是否相同或者近似。由于外观设计专利产品是比发明和实用新型专利产品更具有日常生活性的商品，对某些近似产品的细微差别，专业人员很容易分辨出来，如果以专业人员的角度来判断侵权则对权利人来说是不公平的。因此，进行外观设计专利侵权判定时需以普通消费者的审美观察能力为标准。最后对被控侵权产品与外观设计专利进行比对，并进行整体观察和综合判断。具体方式是指由被比设计的整体来确定是否与外观设计相同或者相近似，而不是从外观设计的部分或局部对比是否相同或者近似，看二者是否具有相同美感，同时可采用隔离对比的方法，看是否可能造成消费者误认，至于产品的大小材料功能内部构造和技术性能通常不能作为不相同和不相近似的依据。

外观设计产品侵权中还有一个问题，侵权产品的制造者往往认为产品设计来源于侵权产品设计者，即使侵权成立，按照其与产品设计者的合同约定，侵权责任也应该由产品设计者承担。鉴于侵权产品有产品设计者、生产者、销售者，他们之间属于合作经营行为，因此如果能证明双方主体上有故意，客观上实施了共同的侵权行为，发生了共同的损害，事实侵权行为与损害事实有直接因果关系，完全符合共同侵权的法律特征，就可以判断他们应共同承担侵权责任。

（编辑：田　华）

【案情介绍】

原告：四川华体照明科技股份有限公司（以下简称“华体公司”）。

被告一：湖南某电器有限公司（以下简称“某电器公司”）。

被告二：汉寿县某城市投资有限公司（以下简称“某城投公司”）。

被告三：湖南湘北某公司（以下简称“湘北公司”）。

华体公司于2009年8月20日向国家知识产权申请名称为“灯（玉兰）”的外观设计专利，该申请于2010年5月12日获得国家知识产权局授权公告，该专利最近一次年费缴纳日期为2015年7月29日，目前合法有效。2015年常德市汉寿县的在建工程芙蓉路两侧出现崭新的路灯，该路灯的外观造型，视觉效果与四川华体照明有限公司的专利产品如出一辙，华体公司立即致函要求停止侵权行为，但是未能实现。

原告华体公司于2015年12月4日委托律师对该路段的路灯情况进行调查。经代理律师联系辖区公证处人员进行现场勘查共计发现侵权产品129套，取得现场照片72张。通过招投标一体化平台发现该工程项目的业主和招投标各方分别为某城投公司、湘北公司。代理律师确定了施工主体后办理了证据保全。一审法院认为华体公司系“灯（玉兰）”外观设计专利的专利权人，其依法享有的专利权应受法律保护，根据《中华人民共和国专利法》第六十条之规定，未经专利权人许可实施其专利即侵犯其专利权引起纠纷，不愿意协商或者协商不成的，专利权人或者利害关系人可以向人民法院起诉，因此原告作为专利权人有权就涉案专利主张权利。侵权产品与原告专利设计产品为相同产品，将被控侵权的灯与原告的外观设计专利进行比较，二者在整体视觉效果上无实质性差异，构成近似外观设计，故一审法院依法认定被控侵权的灯产品落入了原告专利权的保护范围，本案被控侵权的灯系侵犯原告涉案专利的侵权产品。

本案中，华体公司主张某城投公司有使用侵犯产品的行为，湘北公司有使用销售侵权产品的行为，某电器公司有制造销售侵权产品的行为。某城投公司当庭确认，湘北公司当庭确认，某电器公司主张上述被控侵权产品是受湘北公司委托，并根据湘北公司的设计要求进行加工生产的，根据现有证据可以证明湘北公司在汉寿县芙蓉路上使用的被控侵权路灯产品，系从某电器公司购进，某电器公司的现有证据，不足以证明被控侵权产品是否由湘北公司委托，并根据湘北公司的设计要求进行加工生产的，故应依法认定被控侵权的产品系由某电器公司制造。某电器公司未举证证明其行为属于其他法定不视为侵犯专利权的行为，故应当承担停止侵害和赔偿损失的法律责任。

本案中湘北公司还提出了现有技术抗辩，经法院审理现有技术抗辩理由不成立。针对湘北公司主张的合法来源抗辩，依《中华人民共和国专利法》第七十条的规定，为生产经营目的使用，许诺销售或者销售不知道是未经专利权人许可而制造并售出的专利侵权产品，能证明该产品合法来源的，不承担赔偿责任。本案中湘北公司提交了产品购销合同和付款凭证等证据，可以证明湘北公司安装在汉寿县芙蓉路道路上的路灯来源于某电器公司，并已经支付了相应的货款，故湘北公司主张的合法来源成立，因此湘北公司无须承担赔偿责任。

处理结果：一审法院判决被告赔偿原告经济损失 50 万元，二审维持原判。

（案情撰写：曾技芝）

【评委点评】

本案涉及的法律问题主要有以下三点。

一、被控侵权产品是否落入原告专利保护范围的问题

根据《中华人民共和国专利法》第五十九条第二款规定：“外观设计专利权的保护范围以表示在图片或者照片中的该产品的外观设计为准，简要说明可以用于解释图片或者照片所表示的该产品的外观设计。”《最高人民法院关于审理侵犯专利权纠纷案件应用法律若干问题的解释》第八条规定：“在与外观设计专利产品相同或者相近种类产品上，采用与授权外观设计相同或者近似的外观设计的，人民法院应当认定被诉侵权设计落入专利法第五十九条第二款规定的外观设计专利权的保护范围。”本案中，被控侵权产品与原告专利设计产品均为灯，系相同产品。将被控侵权的灯与原告的外观设计专利进行比较，两者在整体视觉效果上无实质性差异，构成近似外观设计。故一审法院依法认定被控侵权的灯产品落入了原告专利权的保护范围，本案被控侵权的灯系侵犯原告涉案专利的侵权产品。

二、现有技术抗辩的问题

根据《中华人民共和国专利法》第六十二条规定，在专利侵权纠纷中，被控侵权人有证据证明其实施的技术或者设计属于现有技术或者现有设计的，不构成侵犯专利权。《最高人民法院关于审理侵犯专利权纠纷案件应用法律若干问题的解释》第十四条规定，被诉落入专利权保护范围的全部技术特征，与现有技术方案中的相应技术特征相同或者无实质性差异的，人民法院应当认定被诉侵权人实施的技术属于《中华人民共和国专利法》第六十二条规定的现有技术。本案中，湘北公司提出的现有技术为外观设计，该设计公开在原告涉案专利之前，依法可以作为现有设计。经比对，被控侵权的灯与该现有技术外观设计相比，在灯泡布局、灯臂形状等方面均不相同，且现有设计不包含灯杆。因此，被控侵权的路灯的全部技术特征与现有技术方案中的相应技术特征并不相同，也不相似。湘北公司主张的现有技术抗辩不成立。

三、关于赔偿数额如何确定的问题

根据《中华人民共和国专利法》第六十五条规定："侵犯专利权的赔偿数额按照权利人因被侵权所受到的实际损失确定；实际损失难以确定的可以按照侵权人因侵权所获得的利益确定。权利人的损失或者侵权人获得的利益难以确定的，参照该专利许可使用费的倍数合理确定。赔偿数额还应当包括权利人为制止侵权行为所支付的合理开支。权利人的损失、侵权人获得的利益和专利许可使用费均难以确定的，人民法院可以根据专利权的类型、侵权行为的性质和情节等因素，确定给予一万元以上一百万元以下的赔偿。"本案中，综合考量原告涉案专利的类型、专利产品的用途、涉案专利在实现产品利润中的作用、侵权产品的销售价格、某电器公司的过错程度及原告为制止被告侵权行为支出的合理费用等因素，酌定某电器公司赔偿原告经济损失 50 万元。

（点评评委：肖冬梅）

案例复核：王　翀

案例 16

李某诉浏阳某机械科技有限公司、浏阳某烟花制造有限公司实用新型专利侵权纠纷案

◉ 推荐单位：长沙市知识产权局

【案例导读】

一直以来，实用新型专利都是中国专利体系中的重要组成部分，具有审查周期短、手续便捷、成本低、创造性要求低于发明专利等优点，且在保护力度方面，具有与发明专利相同的优势，使其成为企业参与市场竞争的利器。在企业专利实务工作中，也不断出现运用实用新型专利保护来维护企业正常运营的案例。但与发明专利相比，实用新型专利的创造性低，且由于授权时未经实质审查，故专利稳定性较差。由此，数量庞大的实用新型专利对市场经营自由带来的限制较为突出。在司法审判中，合理界定实用新型专利的权利保护范围，在鼓励技术创新的前提下防止技术垄断和恶性竞争，应属于当前我国加强知识产权保护工作中的一个不能忽视的因素。

浏阳烟花爆竹产业久负盛名，涉及烟花爆竹产业的专利日渐增多，纠纷也随之增多。本次案件两个月内处理完成，节省了双方当事人的时间成本和人力成本。同时，专利权人研发该技术投入较大，被请求人的侵权行为给请求人造成了极大的经济损失，本次处理决定最终认定被请求人构成侵权，责令其停止侵权，不仅有效维护了请求人的合法权益，而且有利于激发浏阳烟花产品领域的创新活力。

（编辑：张亚利）

【案情介绍】

请求人李某（以下简称“请求人”）是“一种烟花卷筒机的纸张整形机构”实用新型专利的专利权人。请求人就其与被请求人浏阳某机械科技有限公司（以下简称“某机械公司”）、浏阳某烟花制造有限公司（以下简称“某烟花公司”）侵害实用新型专利纠纷一案，向长沙市知识产权局提出处理请求，请求责令某机械公司立即停止制造、销售被控侵权的烟花卷筒机产品，责令某烟花公司立即停止使用被控侵权的烟花卷筒机产品。长沙市知识产权局于2017年5月11日受理后组成合议组进行处理，于2017年7月12日作出处理决定。

全面覆盖是发明和实用新型专利侵权判定的基本原则。本案中请求人主张保护涉案专利权利要求1和权利要求3。经比对查明，被控侵权产品烟花卷筒机与涉案专利权利要求1、3的全部技术特征相同，被控侵权产品分别落入“一种烟花卷筒机的纸张整形机构”实用新型专利权利要求1和权利要求3的保护范围。

现有技术抗辩应遵循单独对比原则。被请求人针对被控侵权产品对落入涉案专利权利要求1的技术特征A′、B′、C′主张现有技术抗辩，两被请求人提交了四份对比文件。依据单独对比的原则，将对比文件与被控侵权产品A′、B′、C′特征分别进行比对，得出如下结论：四份对比文件均未完全披露被控侵权产品技术特征A′、B′、C′，被请求人的现有技术抗辩理由不成立。

在本案中请求人主张被请求人某机械公司实施了制造、销售被控侵权产品的行为，被请求人某烟花公司实施了使用被控侵权产品的行为。长沙市知识产权局认为被控侵权产品已由某机械公司制造完成、进行了试验。同时，某机械公司是以营利为目的的市场主体，且其经营范围包括"机械设备的销售"，制造烟花卷筒机的行为不属于《专利法》中的专为实验的使用行为，某机械公司制造行为可以成立。销售专利产品，是指将落入专利权保护范围的被控侵权产品的所有权，或者依照专利方法直接制得的产品的所有权，或者将含有外观设计专利的产品的所有权从卖方转移到买方。销售行为必须是所有权的转移，本案中并无销售合同或票据能够证明被控侵权产品的所有权发生了转移，请求人认为被控侵权烟花卷筒机放置在第三人处由此推定被请求人某机械公司实施了销售该产品的这一主张不能得到支持；使用行为对发明或者实用新型专利产品而言，是指权利要求所记载的产品技术方案的技术功能得到了应用。本案处理过程中，未发现某烟花公司实施了为生产经营目的而利用被控侵权的烟花卷筒机的技术价值、技术功能的行为，所以也不能认定其实施了使用被控侵权产品的行为。

长沙市知识产权局作出处理决定，被请求人某机械公司未经专利权人李某的许可，为生产经营目的，制造烟花卷筒机产品的行为侵犯了请求人李某的实用新型专利权，责令其停止侵权，驳回请求人李某其他处理请求。本案处理终结后，当事人均未向法院提起行政诉讼，本案处理决定已生效。

（案情撰写：周素芳）

【评委点评】

一、实用新型侵权判定标准

判定一项产品是否对实用新型构成侵权，应当将被控侵权技术与专利技术进行比对，确定前者是否落入了后者的保护范围。值得注意的是，被控侵权技术，一般是已经制造出来的具体产品。而与之对比的专利技术，则是书面的专利文件。在二者之间进行对比，需要经过如下两个步骤：

第一步，确定专利权保护范围。实用新型专利权的保护范围以其权利要求的内容为准，说明书及附图可以用于解释权利要求的内容。其中，独立权利要求从整体上反映实用新型的技术方案，仅记载解决技术问题的必要技术特征。因此，确定专利权保护范围时，只需要考虑独立权利要求的保护范围。只要被控侵权技术落入独立权利要求的保护范围，即构成侵权。

第二步，对比被控侵权技术。

（一）判断被控侵权技术是否侵权，采用的是全面覆盖原则。当被控侵权技术包括了权利要求记载的全部技术特征时，应当认定其落入专利权的保护范围，构成侵权。

（二）等同侵权原则，是指在适用全面覆盖原则，将被控侵权技术的技术特征与权利要求记载的技术特征进行对比，即使二者不构成相同技术特征，仅构成等同技术特征，被控侵权技术仍然构成侵权。而本案中被控侵权产品烟花卷筒机与涉案专利权利要求 1、3 的全部技术特征相同，被控侵权产品分别落入“一种烟花卷筒机的纸张整形机构”实用新型专利权利要求 1 和权利要求 3 的保护范围，构成侵权。

二、实用新型专利侵权处罚认定

《专利法》第十一条第一款规定，发明和实用新型专利权被授予后，除本法另有规定的以外，任何单位或者个人未经专利权人许可，都不得实施其专利，即不得为生产经营目的制造、使用、许诺销售、销售、进口其专利产品，或者使用其专利方法以及使用、许诺销售、销售、进口依照该专利方法直接获得的产品。

《专利行政执法办法》第四十一条第一项规定，侵权人制造专利侵权产品的，责令其立即停止制造行为，销毁制造侵权产品的专用设备、模具，并且不得销售、使用尚未售出的侵权产品或者以任何其他形式将其投放市场；侵权产品难以保存的，责令侵权人销毁该产品。

本案某机械公司未经专利权人李某的许可，为生产经营目的，制造烟花卷筒机产品的行为侵犯了请求人李某的实用新型专利权，但并无销售合同或票据能够证明被控侵权产品被销售，则不构成某机械公司为生产经营目的而销售被控侵权的烟花卷筒机；同时也未发现某烟花公司实施了为生产经营目的而利用被控侵权的烟花卷筒机的技术价值、技术功能的行为，所以也不能认定其实施了使用被控侵权产品的行为。综上所述，长沙市知识产权局作出责令某机械公司停止侵权，驳回请求人李某其他处理请求的决定是妥当的。

（点评评委：周平平）

案例复核：王　翀

案例 17

长沙某研究院有限公司知识产权维权援助案

◉ 推荐单位：长沙市知识产权局

【案例导读】

随着经济全球化进程的加快及我国经济社会的持续快速发展，知识产权在我国政治、经济、科技、文化生活中的重要性日益凸显。但是，由于我国施行知识产权制度的时间尚短以及知识产权制度专业性强、较为复杂等，当前社会公众知识产权意识还比较薄弱，市场主体保护和运用知识产权的能力还比较欠缺，难以适应市场经济发展的需要。在这种形势下，开展知识产权维权援助工作，大力提高全社会知识产权意识和运用知识产权制度的能力，已经成为我国经济社会发展的迫切要求。

开展知识产权维权援助工作，是提高我国企业国际竞争力的需要。近年来，知识产权涉外纠纷频繁发生，由于诉求、应对不力，给我国企业造成了重大的损失。据统计，加入 WTO 以来，我国企业因知识产权纠纷引发的经济赔偿已经超过 10 亿美元。大力开展知识产权维权援助工作，帮助企业解决贸易中遇到的知识产权问题，提高企业保护和运用知识产权的能力，已经成为提高我国企业国际竞争力、实施“走出去”战略的客观需要。本案是一起企业知识产权维权援助的典型案例，长沙某研究院有限公司通过向长沙市知识产权维权援助中心提出知识产权援助申请，为企业完善知识产权战略管理和保护，该企业借助知识产权后来居上，赢得市场优势地位。本案具有示范性意义。

（编辑：张亚利）

【案情介绍】

长沙某研究院有限公司为长沙市重点企业，专注于智能驾驶汽车技术和产品研发。该企业在技术研发领域取得重大突破和进展，但知识产权保护和管理能力不能与之匹配：对专利申请快速预审、专利资助、贯标、预警分析、维权和高新企业的认定等方面认识不足，未能充分开展相关工作。

长沙市知识产权维权援助中心于 2018 年 4 月 10 日受理该公司维权援助申请后，选派长沙市知识产权维权援助专家参与本案处理。工作人员与维权专家于 2018 年 4 月 10 日下午在申请人办公地与其进行交流，了解了申请人成立、研发和知识产权的基本情况；依据申请人提供的现有材料：公司产品研发概况、知识产权工作开展情况和专利申请情况等，就其提出的问题进行了全面分析。

长沙市知识产权维权援助中心于 2018 年 4 月 18 日向长沙某研究院有限公司出具了维权援助意见书：对于专利快速预审，长沙知识产权保护中心通过向国家知识产权局申请调整预审分类号，拟将长沙某研究院有限公司纳入预审范围，为该公司开通专利预审绿色通道；为其提供省、市、区县知识产权补助政策和长沙市知识产权局关于企业知识产权贯标管理工作的相关要求，指引其根据自身条件积极申报；根据企业当前专利情况，进行了初步的专利预警分析，并对其完善知识产权管理制度提出了针对性的建议和指引。

（案情撰写：吴美霞）

【评委点评】

一、开展知识产权法律援助的意义

在我国，知识产权法律援助制度具有极其重要的意义，主要表现在以下几方面。

1. 知识产权法律是法制社会本身的需要。法律制度的运行就是法律文化的实现与弘扬过程。知识产权法律援助是我国法制建设的需要，也是我国法治精神和法律文化的具体表现。知识产权法律援助对完善社会法律保障体系，塑造新时代的知识产权文化具有重要现实意义。

2. 是提高社会知识产权整体意识和保护水平的根本途径。我国公众对知识产权领域的参与能力严重不足，尤其是很多公众缺乏保护自身知识产权的意识、机会、专业知识和支付能力。作为一种双向交流的法律援助制度，知识产权法律制度可以拓宽知识产权的普及范围，提升公众对知识产权法及其他法律的认知度和信任度，最终提高公众在知识产权创造和维护的能力。

3. 是强化社会权利实现中国体制改革的主要思路。强化社会权利，淡化国家权力，是当今各国普遍的发展方向和趋势；因此就要求给予非政府组织和民间团体更多的参与机会。知识产权法的实施是一个资源密集型的活动，让知识产权法律援助机构来帮助和组织实施，既有助于法治资源的优化配置，又有利于降低知识产权法律制度的社会运行成本。

二、本案是知识产权法律援助的典型

知识产权法律援助是指援助机构运用法律技术和金融资源等手段鼓励公众创新和保障公众创新收益权，为社会公众或援助对象在知识产权创造、运用、管理和保护等方面提供帮助的各项活动。随着社会经济发展的进步，在知识产权方面涉及的实践或纠纷也越来越多，人们对知识产权法律制度认识的迫切性和社会稳定发展的必然性都加剧了知识产权法律援助制度的产生发展。本案申请人是一家处于高速发展中的科技研发型企业，其专注于技术研发和创新，但缺乏知识产权规划和管理意识，未能充分利用当前我国的知识产权相关法律制度和政策，没有最大化保护自己的科研成果。该企业只有接受专业的知识产权管理和指导，才能在研发立项、战略布局和技术突围中有的放矢，将产品研发与市场需求相结合。

根据《长沙市知识产权维权援助管理办法》第六条第二项规定，“专项维权援助服务是指市维权援助机构直接或者组织相关知识产权专家（以下简称“专家”）对援助事项进行研讨论证，以书面报告的形式为申请人提供以下维权援助意见：（一）知识产权侵权判定咨询意见；（二）涉外、疑难知识产权案件解决方案的咨询意见；（三）重大的研发、经贸、投资和技术转移活动的知识产权分析论证；（四）其他知识产权维权服务”。

本案中长沙市知识产权维权援助中心通过深入调查和全面分析，为申请人出具了详尽的书面援助意见和专业化指导。比如初步的专利预警分析，对其完善知识产权管理制度提出了针对性的建议和指引，最大限度地提炼出知识产权的市场价值和竞争优势，从而助力企业迅速崛起并保持市场优势地位，为企业长足发展打下坚实基础。

（点评评委：杜钢建）

案例复核：王　翀

案例 18

摄影师李某诉某股份银行著作权侵权纠纷

◉ 推荐单位：湖南联合天成律师事务所

【案例导读】

本案是一起摄影著作权侵权纠纷，著作权是指权利人依法对特定的文学、艺术和科学作品享有的专有权，包含人身权利和财产权利，这种专有权除法律另有规定外，未经著作权人许可或转让，他人不得占有和行使。摄影是一般人生活中常用的一种技术与工具，随着摄影设备的普及，很多时候可以进行摄影作品的创作，但现有的法律条文对于摄影作品著作权的保护并不多，也不完善，较之于社会发展水平，具有明显的滞后性。

对摄影作品加以法律保护，能够很好地维护创作者的合法权益，让创作者更好地投入作品创作中，进而不断提升摄影作品的质量层次与水平。通过著作权法对摄影作品加以保护，一方面可以维护创作者智力成果不被侵犯，另一方面也是对摄影作品加以保护，可以让创作者更好地对自身的劳动成果加以占有与处分，是对创作者人格与人权的尊重。所以，保护摄影作品不但可以让创作者更好地从事摄影事业，促使作品质量提升乃至文化交流；而且更能彰显著作权的人权保护价值。本案侵权事实是某银行与某旅游发展局合推的一款集金融、旅游推介为一体的主打产品“银行卡”，该银行卡是通过第三方企业设计、制作的，这反映出部分企业乃至个别政府机关对知识产权保护意识不强，对侵权知识产权的认识不够。在企业的实际经营中对于他人的知识产权应当尽合理的审查义务。特别是涉及企业主营业务层面，更应该加强审查意识，企业的发展和经营需要在法律风险规避多方面的投入和努力，对细节的选择更应该慎重。

随着图片市场的不断发展和成熟，由摄影作品使用问题而产生的纠纷开始增多，采取什么方式来解决这种纠纷呢？从公平、效益和当事人利益平衡角度出发，知识产权纠纷解决机制应当是包含调解、协商、仲裁、行政解决、诉讼等多种方式在内的多元纠纷解决机制。我们认为，构建知识产权纠纷多元化解决机制，可以有效分流知识产权案件，为权利主体提供更多、更便捷的纠纷解决渠道。构建知识产权纠纷多元化解决机制，能够有效减轻法官负担及群众诉累，同时还可以实现不同救济方式的良性互补和互动，激发各种机制提高自身纠纷解决能力和质量的动力，从而在整体上推动纠纷解决机制的发展完善。

（编辑：田　华）

【案情介绍】

2003 年是毛主席诞辰 110 周年，摄影师李某某决定动用热气球第一次采用高空视角拍摄毛泽东故居。

在经过各级部门层层审批后，原告乘坐着巨大的燃气喷发热气球徐徐上升。随着高度的变化，故居的结构逐渐呈现出来，变得更加立体，更具美感。于是整个的十八罗汉山、韶峰等群山和伟人故居出现在了同一画面。

“前有照，后有靠，四周山环绕”，和煦的阳光照耀着毛主席故居的摄影作品——“故居秋韵”，从一个全新的角度向全世界展现了毛主席故居的风采，秋之老人把故居旁的树木涂成了橘红色。刚刚整修过的田里仿佛遍地都是金子，青山绿水静静地弹奏着悠远的歌谣。远处连绵的十八罗汉山和巍巍韶峰隐约可见，屋背山像一条巨龙，伏卧在韶山冲口。整幅照片色彩明亮饱和，蕴含吉祥瑞气。

李某某发现某国有股份银行在其制作的银行卡上整幅印刷了涉案作品，并在全国范围内发行，甚至发行到国外，该银行也从未与被告进行任何有效沟通，这张照片一直以来都被无偿使用，且照片上并没有注明拍摄者的姓名与来源。

代理律师调查了该银行的各大银行网点，证实了原告所称的这一情况。被告在其印发的银行卡正面整幅印制了涉案“故居秋韵”的照片，并且未注明作者和来源。整幅图片在色彩、人物、构图上与的摄影作品“故居秋韵”完全一致。

在证实了这一情况后，代理律师随即联系了公证处，对该银行的发卡行为、发卡规模、发卡数量进行统计和公证。2018 年 8 月原告依法向法院提出了停止侵权并赔偿损失的诉讼请求。经过审理双方在诉讼中达成和解，法院依法裁定原告撤诉。

（案情撰写：傅巍巍　曾技芝）

【评委点评】

通过该案的审理，法院明确对新闻摄影作品进行商业使用的行为，构成对摄影作品复制发行权的侵犯，属于侵害著作权的行为。该案的裁判不仅保护了摄影作品著作权人的合法权益，而且对于规范部分企业以及行政机关的知识产权保护意识具有重要的现实意义和导向作用。

本案的典型意义在于明确了以下三个问题：第一，明确摄影作品受我国著作权法保护的情形。根据我国著作权法实施条例的有关规定，摄影作品是指“借助器材在感光材料上记录客观物体形象的艺术作品”，在 1991 年施行的《著作权法》中就规定了应对美术、摄影作品予以保护，2001 年修正后的《著作权法》，将摄影作品作为一种单独的作品形式予以保护，摄影作品本身属于著作权法保护的范畴。

同时我国《著作权法》第五条规定，著作权法不适用于时事新闻。涉案摄影作品是否属于时事新闻？根据著作权法实施条例的有关规定，时事新闻是指通过报纸期刊、电台、电视台等传播媒介报道的单纯事实消息，原告拍摄的国家领导人故居照片属于新闻摄影，而不是单纯地事实消息，不属于时事新闻，因此应当受到我国著作权法的保护。

第二，摄影作品合理使用的标准。著作权法所确立的合理使用制度，是指基于公共利益在法律规定的条件下，可以不经过著作权人许可而无偿使用享有著作权作品的制度。

判断是否构成对作品的合理使用，需要考虑如下因素，一是使用的目的和性质，包括使用视为商业性使用还是为不禁止的教育目的；二是版权产品的性质；三是使用的部分相对于整个版权作品的数量和实质性。为了最大限度地维护著作权人的权利，《著作权法》第二十二条明确规定了对作品使用合理使用的 12 种方式，这些方式可概括为如下三类，其一为各种公共媒体为公众信息传播的使用而使用他人作品，例如新闻报道；其二为公共利益目的而使用，例如课堂教学；其三为个人学习研究或者欣赏使用，如学术研究、个人收藏等。

本案被告的使用是在商业银行的银行卡上，且未注明作者及作品来源，就不属于合理使用，应当依法承担相应的侵权法律责任。

第三，建构知识产权纠纷多元化解决机制。互联网环境下的数字作品版权问题的普遍性和复杂性导致很多案件特别是新型网络侵权案件不能及时得到合理解决，案件审理耗费时间长、维权成本高的问题已经成为制约我国版权及文化产业发展的重要瓶颈。

法律程序的最终目的是调整利益关系，维护社会关系的常态。在解决知识产权纠纷中，以诉讼为主的模式化侵权处理方式，使得当事人无法成为权利冲突的解决主体，当事人自治与合意解决的效率无从发挥。本案以调解的方式结案，实现当事人在不同情形下基于不同的考虑，以不同的方式解决纠纷，以实现成本收益的最佳化，这正是知识经济时代的现实需求。

（点评评委：肖冬梅）

案例复核：王　翀

案例 19

“网盘影视”网站未经许可传播他人影视作品案

◉ 推荐单位：长沙市知识产权局

【案例导读】

随着互联网传播技术的发展，著作权制度也随之而产生，并且作品的生产、流通、传播方式也始终随着互联网技术的发展和传播在不断发生着改变。在当今的时代背景之下，公众可以自己选择时间、地点和范围对信息进行了解和获取。互联网传输的信息量大、覆盖面广、方便快捷的特点使得网络传播成为信息时代下使用作品的主要方式。但同时，这种方式本身的特点也使得作品在互联网上面临更为广泛和容易的侵权。相应地，作家自身的著作权也更加容易在网络信息传播下受到损害。因而，国家应该根据网络信息传播的发展来规范我国的信息传播制度，从而保障我国的网络信息传播。

本案是在国家大力开展打击网络侵权盗版“剑网行动”的背景下查处的，是一起典型的网络侵权盗版案件。当事人未经授权通过互联网传播影视作品，侵害了著作权人的合法权益，破坏了网络版权秩序。本案的查处也反映出，在新的技术环境下，互联网侵权盗版行为正在从以侵害复制权为中心向以侵害信息网络传播权为中心转变。技术的发展在客观上降低了网络版权侵权难度，对行政执法部门的取证、侵权性质认定等也提出了更高的要求。本案的查处，对打击网络侵权盗版行为，维护网络版权秩序具有积极的促进作用。

（编辑：张亚利）

【案情介绍】

2017 年 9 月 19 日，长沙市知识产权局接到湖南省版权局交办的“网盘影视”（wangpanyingshi. com）网站涉嫌未经许可传播他人影视作品案件。长沙市知识产权局执法人员通过远程勘验获取了涉嫌侵权作品名单后，与美国电影协会北京代表处联系确认相关作品授权情况，并赴该网站服务器所在地青岛开展了调查。通过调查确定网站负责人后，市知识产权局执法人员到长沙市开福区四方坪街道某小区对该网站的负责人王某进行了调查。

经查，当事人 2016 年创办了“网盘影视（wangpanyingshi. com）网站，通过该网站提供影视作品给公众在线播放和下载。经美国电影协会北京代表处确认，该网站提供了 131 部未经授权的影视作品给公众在线播放及下载。该网站访问量低，当事人未通过该网站获得收入，在知识产权局对其进行调查时已关闭该网站。

长沙市知识产权局经审查后，认定当事人的行为违反了《中华人民共和国著作权法》第四十八条第一项的规定，构成未经著作权人许可，通过信息网络传播其作品的行为。据此，依法对当事人作出罚款人民币五千元的行政处罚。

（案情撰写：张　宇）

【评委点评】

一、区分信息网络传播权与复制权

信息网络传播权与复制权在司法实践中极易混淆，信息网络传播行为必然包含复制行为，侵犯信息网络传播权必然会侵犯对作品的复制权。但是，复制权与信息网络传播权仍然存在重大区别。信息网络传播权，根据我国《著作权法》第十条的规定，是指以有线或者无线方式向公众提供作品，使公众可以在其个人选定的时间和地点获得作品的权利。复制权，是以印刷、复印、拓印、录音、录像、翻录、翻拍等方式将作品制作一份或者多份的权利。

两者既有联系又有区别。其联系在于，要想构成信息网络传播行为，行为人必须自己实施了“提供”作品的行为，在这一过程中不可避免地涉及对作品的复制，因为只有将作品复制件置于其计算机硬盘或服务器中才能向公众提供。而其重大区别在于，复制权控制的复制行为是一种一次性、不可持续的行为，而信息网络传播权控制的则是一种使公众得以获得作品的持续性状态。

本案中被告当事人创办的“网盘影视”网站，是长久地通过该网站给公众提供影视作品在线播放和下载，属于使公众得以获得作品的持续性状态，由此可知，本案侵犯的是信息网络传播权而非复制权。

二、信息网络传播行为侵权判断

构成信息网络传播权行为应符合以下条件：(1) 将作品置于计算机硬盘等存储设备之中；(2) 使前述存储设备处于信息网络中可被网络用户访问的状态；(3) 网络用户可以在其个人选定的时间和地点以下载、浏览或者其他方式访问和接触（即获得）该作品。而未经著作权人许可实现上述三个条件的行为，在不符合合理使用及法定许可等权利限制的情况下，则构成侵害信息网络传播权的行为。

本案中“网盘影视”网站将131部未经授权的影视作品，给公众在线播放及下载构成侵犯作者的信息网络传播权，违反了《著作权法》第四十八条第一项“未经著作权人许可，复制、发行、表演、放映、广播、汇编、通过信息网络向公众传播其作品”的规定。

三、侵犯网络信息传播权处罚认定

长沙市知识产权局经审查后，认定当事人的行为违反了《著作权法》

第四十八条第一项的规定，构成未经著作权人许可，通过信息网络传播其作品的行为。根据《著作权法实施条例》第三十六条规定，有著作权法第四十八条所列侵权行为，同时损害社会公共利益，非法经营额 5 万元以上的，著作权行政管理部门可处非法经营额 1 倍以上 5 倍以下的罚款；没有非法经营额或者非法经营额 5 万元以下的，著作权行政管理部门根据情节轻重，可处 25 万元以下的罚款。

该案因被告当事人网站访问量低，其并未通过该网站获得收入，据此，长沙市知识产权局依法对当事人作出罚款人民币五千元的行政处罚。

（点评评委：赵香如）

案例复核：王　翀

案例 20

中国音像著作权集体管理协会诉长沙市天心区某娱乐城、黎某著作权权属、侵权纠纷案

◉ 推荐单位：湖南省长沙市天心区人民法院

【案例导读】

长期以来，对于 KTV 的版权费问题，社会舆论曾一度讨论热烈。KTV 行业流动性大、经营者经常更换营业地点，营业周期较短，一些 KTV 经营者采取转承包、再承包等方式经营，导致难以查清实际经营者。而经营者也常常采取踢皮球的方式推卸责任，不少 KTV 经营者缺乏法律常识，知识产权意识淡薄，大部分经营者认为点唱设备中的歌曲与设备系一体，在购买点唱设备时应视为可以一并使用歌曲，不构成侵权，且拒绝支付版权费。这些往往导致真正的版权人维权困难。本案是正是该类著作权侵权纠纷系列案件之一。

维权主体系音像著作权集体管理组织，即中国音像著作权集体管理协会。著作权集体组织成立后，对音像作品实施集体管理，有利于版权人维护知识产权合法权益，对加强知识产权保护有重要意义。该案在法、

检两院的共同努力下，当事人双方达成了调解协议。被告自愿支付赔偿款，并与原告签订框架性合作协议，每年向原告支付版权费，依法经营。该系列案涉及的著作权人较多，影响较广。该系列案的办理，特别是检察机关支持原告起诉，有利于引导经营者树立知识产权理念，依法依规经营。

有力维护了正常的市场文化秩序。在 KTV 等经营场所向消费者提供 MV 作品，系公开放映涉案作品的行为，应取得著作权人的许可并支付版权费。一些经营者未经许可播放 MV 作品，其他经营者纷纷效仿，文化市场上关于 KTV 侵害著作权，拒付版权费的问题长期广泛存在，严重影响了文化市场秩序。该系列案的解决有力维护了正常的文化市场秩序。对营造健康发展的文化市场氛围具有积极意义。

最后，创新了知识产权纠纷处理方法。检察机关支持权利人起诉，对知识产权的维权具有良好的创新示范意义，且在处理方式上引导当事人从对抗走向合作，从侵权走向付费，不失为知识产权案件处理的一种可借鉴可复制的良好的纠纷解决方式。

（编辑：田　华）

【案情介绍】

原告：中国音像著作权集体管理协会。

法定代表人：邹某。

委托诉讼代理人：洪某，湖南高天律师事务所律师。

委托诉讼代理人：孟某，湖南高天律师事务所律师。

被告：长沙市天心区某娱乐城，经营者：黎某。

被告：黎某。

支持起诉机关：长沙市天心区人民检察院。

原告中国音像著作权集体管理协会诉被告长沙市天心区某娱乐城、黎某著作权权属、侵权纠纷一案，于 2017 年 1 月 12 日在长沙市天心区人民法院立案。原告中国音像著作权集体管理协会是经国家版权局批准成立、民政部注册登记的我国唯一的音像作品管理集体组织，依法对音像节目的著作权及与著作权相关的权利实施集体管理。原告依法取得对涉案的10首MV音乐电视作品（《fall in love（恋爱）》《谁怕谁》《流星雨》《烟火的季节》《绝不能失去你》等）的放映权、复制权的集体管理权，并有权以自己的名义向侵权人提起诉讼。

被告长沙市天心区某娱乐城未经原告授权，亦未经涉案MV音乐电视作品原著作权的授权，以营利为目的，擅自在其经营的KTV娱乐场所内以卡拉OK的方式向公众放映上述作品。原告发现后，公证保全了证据，将长沙市天心区某娱乐城以及实际经营者黎某诉至法院，要求两被告立即停止侵权并赔偿损失8000元。原告中国音像著作权集体管理协会于2017年5月19日向法院提出撤诉申请。经法院审理，原告中国音像著作权集体管理协会申请撤回对被告长沙市天心区某娱乐城、黎某的起诉，系对其依法享有的民事权利和诉讼权利行使处分权，符合法律规定，应予准许。依照《中华人民共和国民事诉讼法》第一百四十五条第一款、第一百五十四条第一款第五项之规定，裁定如下：

准许原告中国音像著作权集体管理协会撤回对被告长沙市天心区某娱乐城、黎某的起诉。案件受理费50元，减半收取25元，原告中国音像著作权集体管理协会自愿负担。

（案情撰写：阳强强）

【评委点评】

本案是一起由中国音乐著作权协会启动的“KTV”音乐作品著作权侵权纠纷，涉及的法律问题包括：第一，关于保护对象的问题。音乐电视、音乐录影和卡拉OK曲目是以类似摄制电影的方法创作的作品，应受到我国著作权法相应的保护。《中华人民共和国著作权法》第三条第三项规定，保护的作品中包括了电影作品和以类似摄制电影的方法创作的作品。《中华人民共和国著作权法实施细则》第四条明确规定电影作品和以类似摄制电影的方法创作的作品，是指摄制在一定介质上，由一系列有伴音或者无伴音的画面组成，并且借助适当装置放映或者以其他方式传播的作品；《中华人民共和国著作权法》第十条第十项规定，著作权人对其作品享有放映权，“即通过放映机、幻灯机等技术设备公开再现美术、摄影、电影和以类似摄制电影的方法创作的作品等的权利”。著作权法第十五条规定：“电影作品和以类似摄制电影的方法创作的作品的著作权由制片者享有。”音乐电视（MTV）、音乐录影（MV）和卡拉OK曲目是以类似摄制电影的方法创作的作品，应受到我国著作权法相应的保护。

第二，关于侵权的性质认定问题。KTV经营者提供卡拉OK服务，侵犯了著作权人的哪些权利，在诉讼中争议很大。著作权包括人身权和财产权，著作权人许可他人行使著作权财产权相关权利依法有权获得报酬。目前KTV诉讼大多数案件系未经权利人许可，亦未交许可使用费引起的。确定KTV经营者提供点歌服务是否侵权，主要看KTV经营者的播放行为是否符合我国《著作权法》第二十二条规定的合理使用的范畴，如果不属于其范畴就构成侵权。卡拉OK表面上看是消费者点歌唱歌的行为，实际上是KTV经营者提供播放歌曲的服务行为，该行为只要未经权利人许可，亦未交许可使用费，就是一种侵权行为。

对于消费者而言，在歌厅唱歌主要是为了欣赏歌曲并愉悦自己，不存在经营获利的问题，点歌唱歌行为符合我国著作权法规定的合理使用的范畴，该行为不构成侵权。在KTV侵犯著作权诉讼中，音乐电视作品制作人对作品享有放映权，词曲著作权人对词曲享有表演权。放映权即通过放映机、幻灯机等技术设备公开再现美术、摄影和以类似摄制电视的方法创作的作品等的权利。因此KTV侵权诉讼中经营者主要是侵犯了音乐电视作品制作人对作品享有的放映权，词曲著作权人享有的机械表演权。

第三，音乐著作权协会的诉讼主体资格问题。中国音乐著作权协会，简称“音著协”（英文：Music Copyright Society of China），成立于1992年12月17日，是由国家版权局和中国音乐家协会共同发起成立的中国大陆唯一的音乐著作权集体管理组织，是专门维护作曲者、作词者和其他音乐著作权人合法权益的非营利性机构。早在1993年9月14日《最高人民法院民事审判庭关于中国音乐著作权协会与音乐著作权人之间几个法律问题的复函》中就已经明确，根据民法通则、著作权法、民事诉讼法以及双方订立的合同，音乐著作权人将其音乐作品的部分著作权委托音乐著作权协会管理后，音乐著作权协会可以自己的名义对音乐著作权人委托的权利进行管理。发生纠纷时，根据合同在委托权限范围内有权以自己的名义提起诉讼。

（点评评委：肖冬梅）

案例复核：王　翀

案例 21

迅达科技集团股份有限公司诉被告长沙某能源实业有限公司侵害商标权纠纷案

◉ 推荐单位：湖南省长沙市天心区人民法院

【案例导读】

本案是一起商标侵权纠纷，侵权对象为燃气灶。2008 年 5 月 1 日起实施的国家强制性标准 GB16410—2007《家用燃气灶具》明确规定，燃气灶必须安装自动熄火保护装置，否则禁止生产和销售。假冒产品价格往往比正品便宜，其中一个重要原因是，假冒商品缺乏自动熄火等安全装置。这一安全装置系燃气灶的重要部件，成本较高，每套成本大概为 40～50 元。也有不法厂家采用假装置，成本仅几元钱。由于售假店铺多、波及面广、影响恶劣，除了对已经购买假冒产品的人造成实际损失之外，还存在着对不特定多数人的人身、财产安全造成损害的风险，危及社会公共利益。“迅达及图”商标系 2007 年由国家工商行政管理总局商标局认定的驰名商标，多年来在市场上具有极高的知名度和占有率。迅达公司一直受到假冒产品的侵害，近几年来，涉及迅达商标的侵权案件层出不穷，维权所耗费的人力物力巨大，个体维权势单力薄，而制假售假却屡禁不止。加大对驰名商标的维护、对假冒产品的打击力度，对同类侵权行为有极大的威慑作用。本类纠纷的审理为地方经济发展营造了良好的知识产权保护氛围，让企业科技创新无后顾之忧。

早在2011年5月，湖南省人民检察院下发的《湖南省检察机关关于办理支持、督促起诉案件暂行规定》中第九条规定，因产品质量存在缺陷造成或可能造成不特定多数人人身、财产损害提起民事诉讼的，人民检察院对其提起的民事诉讼活动予以支持。本案是湖南省首次引导商标权人向检察机关申请支持起诉，检察机关依法支持起诉有利于知识产权权利人更好地维护自身的合法权利，让知识产权保护插上翅膀，切实将加大知识产权保护理念贯彻到司法实践中。

（编辑：田　华）

【案情介绍】

原告：迅达科技集团股份有限公司。支持起诉机关：长沙市天心区人民检察院。

被告：长沙某能源实业有限公司

主审法院：长沙市天心区人民法院。

原告迅达公司系第6795×××号“迅达 xunda”商标、第1223×××号“讯達”及图的注册人，该商标核定使用商品为第11类，包括供水或供煤气的设备和管道的保险附件，煤气灶等设备，均在商标有效期内。法院另查明2007年8月20日，国家工商行政管理总局商标局商标驰字〔2007〕第49号《关于认定“迅达及图”商标为驰名商标的批复》认定第1223×××号“”商标为驰名商标。2016年3月24日，迅达公司向湖南省长沙市麓山公证处申请证据保全公证。

麓山公证处受理后，于2016年3月31日做出的（2016）湘长麓证民字第8××号公证书中记载：公证员胡某和公证人员李某及申请人的委托诉讼代理人胡某、于某于二〇一六年三月二十四日十一时二十分来到长沙市岳麓区枫林二路一处标有“百江燃气 95007 全国统一客服热线”字样招牌的店铺前，该店铺门前贴有“枫林二路 379”字样的门牌，胡某、于某以普通消费者身份在该店内购买了标有“迅达 XUNDA 迅达蓝色旋流型燃气灶 专利号：ZL200820054××××中国名牌”等字样的商品一件，取得销售凭证一张，并将公证购买的燃气灶封存。

二〇一六年三月二十四日迅达公司对上述公证购买的迅达电器燃气灶进行鉴定，结论为假冒产品。被诉侵权的燃气灶符合在同一种商品上使用与原告第 1223×××号“”和第 6795×××号“”商标注册商标近似的商标，容易导致混淆的情形。涉案产品包装标注的生产厂家为迅达集团，原告自行鉴定，该产品无防伪条形码显示，属假冒产品；而被告又未提交证据证明上述的使用行为已经商标注册人的许可，被诉侵权的燃气灶属于侵犯原告第 1223×××号“”商标和第 6795×××号“”商标专用权的商品。被告公司西大门店未经原告许可，销售涉案侵权商品的行为构成对原告第 1223×××号“”和第 6795×××号“”两枚注册商标专用权的侵犯。

根据公证书的记载及被告的当庭陈述，销售涉案侵权产品的枫林路门店系被告公司的分支机构，被告公司辩称不存在侵权行为的意见，法院不予采纳。被告公司提出其与第三人王某签订《承包合同》，根据合同条款，侵权责任应由承包方承担，百江公司非本案的适格主体，应驳回原告起诉。根据合同的相对性，法院认为被告公司与第三人王某签订的《承包合同》属于内部合同，第三人无从知晓，只能约束签订合同的双方当事人，其效力不能对抗第三人。因此被告公司应对其枫林路门店的侵权行为负民事赔偿责任。

裁判结果：被告长沙某能源实业有限公司立即停止销售涉案侵权产品并赔偿原告 4 万元。

（案情撰写：阳强强）

【评委点评】

第一，驰名商标行政认定规则。驰名商标是在中国为相关公众所熟知的商标，有司法认定与行政认定两种方式。驰名商标认定的意义在于能够提供强于一般商标的保护力度。按照《商标法》第十三条的规定，对于未注册的驰名商标，他人在相同或类似商品上的注册和使用易导致混淆的，驰名商标持有人可以请求不予注册并禁止使用，这对于未注册驰名商标提供了类似注册商标的保护；对于已注册的驰名商标，他人在不相同或类似商品上的注册和使用误导公众，致使该驰名商标注册人的利益可能受到损害的，驰名商标持有人可以请求不予注册并禁止使用，这对于已注册驰名商标提供了强于一般注册商标的保护。

原国家工商总局根据新商标法的要求，在认真总结驰名商标案件审理经验的基础上，针对近几年驰名商标案件认定工作实践中需要解决的问题，围绕“规范程序、细化标准、明确责任”的思路和目标修订《驰名商标认定和保护规定》，明文规定“驰名商标认定遵循个案认定、被动保护原则”，主管机关对驰名商标的认定，可以在后续发生的类似案件中作为受保护的记录供案件的处理机关参考。

第二，检察院支持起诉规则。2016 年 11 月 4 日，中共中央、国务院发布了《关于完善产权制度依法保护产权的意见》。在中央全面深化改革领导小组第三十次会议上，习近平总书记强调，要探索支撑创新发展的知识产权运行机制，建立高效的体制机制。同年 7 月，最高检印发了《关于充分发挥检察职能依法保障和促进科技创新的意见》，对服务科技创新、保护知识产权提出了明确要求。支持起诉，是指当国家利益、社会公共利益遭受非法侵害，且可以通过民事、行政诉讼途径获得救济时，人民检察院支持适格主体提起民事、行政诉讼。检察机关支持起诉，是在行使其监督权。

第三，是贯彻中央关于加强知识产权司法保护的重要举措，是维护广大人民群众切身合法权益、保障民生民利的重要举措，是服务地方经济发展、促进科技创新的重要举措。在该类案件中，检察机关可向法院发送

《支持起诉意见书》，对诉讼程序、期限、诉讼结果进行审查。庭审过程中，检察机关可派检察员出席庭审。

（点评评委：杜钢建）

案例复核：王　翀

案例 22

保罗弗兰克实业有限责任公司（PAUL FRANK-INDUSTRIES，LLC）诉广州市某贸易有限公司侵害商标权纠纷案

◉ 推荐单位：湖南省长沙市天心区人民法院

【案例导读】

本案系涉外商标侵权案件，商标最核心的功能在于帮助消费者识别商品或者服务的来源，混淆是商标侵权理论的基石，是商标侵权行为的重要构成要件或者侵权判定的重要基础，如果被诉侵权行为导致消费者无法或很难区别商品或者服务来源，妨害权利商标功能的实现即构成对商标权的侵害。

商标作为一种十分重要的无形资产，在市场经济中发挥非常大的作用。一方面，商标是商标权利人产品和服务的标志，是产品和服务内在品质的象征，商标权利人要借助商标推广产品和服务赢得市场。

另一方面，商标是消费者选择商品服务的重要标识，消费者通过产品

和服务来评判商家，而商标正是消费者来区别商家的关键性要素。消费者通过商标来和商家建立某种信任关系，在消费者购买商品和服务时，他们倾向于选择自己信任的商标和商家，商标是消费者和商家之间的共同桥梁。侵权人通过商标侵权来迷惑消费者，以达到以假乱真的效果来销售自己的产品，这种行为不仅侵犯了商标权利人权利，同时也严重地侵犯了消费者的选择权。该涉外知识产权案件的处理依法维护了涉外商标权利人的合法权益，有力打击了侵害涉外商标案件的贴牌生产者，引导国内生产者、销售者树立知识产权理念，依法经营，净化了知识产权市场，树立了我国当前加强知识产权保护的国际形象。

（编辑：田　华）

【案情介绍】

原告：保罗弗兰克实业有限责任公司。

被告：广州市某贸易有限公司。

主审法院：湖南省长沙市天心区人民法院。

原告保罗弗兰克实业有限公司系第10065×××号大嘴猴图形商标、第1469×××号大嘴猴图形商标注册商标专用权人。上述商标均在注册有效期限内。第10065×××号注册商标核定使用商品包含服装、手套等，第1469×××号注册商标核定使用商品包含服装、鞋、帽子、袜子。上述注册商标专用权均在使用有效期限内。2017年12月25日，中国湖南省长沙市麓山公证处公证员黄某及该公证处工作人员于某与原告授权委托的无锡博睿思商务信息咨询有限公司的委托代理人雷某一同来到位于湖南省长沙市天心区五凌路一家标有“麦吉华联生活广场”等字样的超市。雷某以普通消费者的身份在此超市购买了商品并以微信支付的方式向长沙某商行支付了货款，微信支付页面上显示：“商户全称：长沙市天心区麦吉华联商行”“商品：长沙市天心区麦吉华联购物广场（豪布斯卡店）”等字样，还取得标有“麦吉华联湘府店”等字样的购物小票，购物小票上显示的商品名称和数量、价格分别为：艺采欣精品（本案涉案侵权产品儿童手套）1个12.9元，名野散装裤1条13.8元。

长沙市麓山公证处就上述购买行为进行公证，并于2018年1月18日出具了（2018）湘长麓证民字第498号公证书。同时，长沙市麓山公证处对原告在长沙某商行内所购买的产品进行了封存。经比对，被诉侵权产品系儿童手套，手套上印有大嘴猴头形状图案，并挂有载明供货商广州某公司的名称、地址、电话、条码的标签。长沙某商行是涉案侵权产品的实际销售者，在本案开庭审理前，原告申请撤回对长沙某商行的起诉。被告广州某公司是涉案侵权产品的批发商，广州某公司向实际销售者长沙某商行供应了本案涉案侵权产品，长沙某商行与广州某公司均向本院提交了由广州某公司向长沙某商行供应涉案侵权产品的销售合同。

另查明，原告为本案及其他案件共同维权支出公证服务费1200元、资料复印费192元、涉案侵权产品购买费12.9元。原告要求停止侵害并赔偿商标侵权导致的经济损失及维权合理开支6万元。被告以其产品从他人处进货，其只是贴牌单位为由不愿意赔偿。裁判结果：本案中，被诉侵权产品系儿童手套，与第10065×××号注册商标核定使用商品属于类似商品。被诉侵权产品上突出使用的大嘴猴图形，起到了标示产品来源的作用，系商标意义上的使用。

经比对，被诉侵权产品上使用的大嘴猴图形标识与第10065×××号商标在构图及颜色等各要素组合后的整体结构相似，易使相关公众对商品的来源产生误认或者认为其来源与原告注册商标的商品有特定的联系，故法院认定构成近似，被告侵害了原告的第10065×××号注册商标专用权。被告广州某公司作为批发商其主张其产品来源于“姐妹饰品”未提交相应的销售合同和“姐妹饰品”的营业执照，广州某公司作为销售者没有充分证据证明其销售的涉案侵权产品具有合法来源，应当承担停止侵权、赔偿损失的民事责任。第1469×××号注册商标核定使用的商品中未包含手套，故被告应当立即停止销售侵犯原告第10065×××号注册商标专用权商品的行为。另外法院综合考虑广州某公司系批发商、涉案注册商标的知名度、侵权行为的性质、后果及原告为维权支付的合理开支，结合本案系原告维权系列案件之一等因素，确定赔偿金额为8000元（含合理开支）。

（案情撰写：阳强强）

【评委点评】

本案是一起典型的涉外商品侵权纠纷，涉及的法律问题具有典型性，表现在以下方面。

一、商标性使用的确定

商标是一种使用在商品上的标识，其基本功能在于区分商品或者服务来源，使相关公众通过该标识识别不同的商品或者服务的提供者，同时商标也代表了商品和服务质量的优异。在激烈的市场竞争中，商标权利人将商标作为非常有效的竞争手段，通过商标的识别功能的实现来取得商业利润。使用对于商标权的形成，商标保护范围的确定以及商标功能的发挥至关重要。同时，认定被控侵权行为是否为商标意义上的使用行为，在侵权定性上具有重要意义。

我国《商标法》的第四十八条对商标的使用规定为：将商标用于商品商品包装或者容器以及商品交易文书上，或者将商标用于广告宣传展览以及其他商业活动中用于识别商品来源的行为。商标性使用行为中，被诉侵权人可能并没有将权利人商标当作商标使用，而是将其用于包装或者广告宣传，并且被诉侵权人在其产品或服务中标注了自己的商标。法官在判断被诉侵权人的行为是否构成商标侵权时，一般都会先判断行为人的使用行为是否构成商标性使用，继而再判断其使用行为，是否会导致相关公众的混淆。

二、商标侵权诉讼中的管辖规则

首先，商标侵权案件可以由侵权行为地或者侵权人所在地人民法院管辖，对此，被侵权人可以自主选择侵权行为地或侵权人所在地人民法院起诉。其次，按照管辖恒定原则的要求，确定管辖的事实在诉讼过程中发生变化而管辖权不予改变，而确定管辖的事实主要分两个方面：地域管辖依据和级别管辖依据。前者主要包括原告住所地、被告住所地、合同履行地、合同签订地、财产所在地、侵权行为地等，后者主要包括诉讼标的额、案件影响程度等。同时，根据民事诉讼法司法解释第三十九条的规定，人民法院确定对案件有管辖权的，不因当事人提起反诉、增加或者变更诉讼请求等改变管辖，但违反级别管辖、专属管辖规定的除外。而变更诉讼请求广义上包括原告撤回对部分被告的起诉。

三、赔偿责任的确定

《商标法》第六十三条规定，“侵犯商标专用权的赔偿数额，按照权利人因被侵权所受到的实际损失确定；实际损失难以确定的，可以按照侵权人因侵权所获得的利益确定；权利人的损失或者侵权人获得的利益难以确定的，参照该商标许可使用费的倍数合理确定。对恶意侵犯商标专用权，情节严重的，可以在按照上述方法确定数额的一倍以上三倍以下确定赔偿数额。赔偿数额应当包括权利人为制止侵权行为所支付的合理开支。”

（点评评委：熊　焰）

案例复核：王　翀

案例 23

长沙市某珠宝首饰店侵犯“六福”注册商标案

◉ 推荐单位：长沙市知识产权局

【案例导读】

良好的商标对企业的发展有着极大的促进作用，然而近似商标的出现，对企业发展的极大阻碍。近似商标出现在市面上，势必会让消费者难以辨别产品的来源，导致市场混乱，影响社会风气。如果近似商标之风未被及时制止，许多人看到其背后的巨大利益，也会纷纷效仿，从而导致企业形象降低。近似商标所得的利益，基本上都是从品牌公司的利润中得到的，对企业而言易导致收益流失，并且近似商标不是自身企业所生产的商品，质量根本无法得到保障，不明真相的消费者购买了之后，一旦有质量问题，都会认为是品牌企业的质量有问题，严重影响消费者对品牌企业的印象。

本案是一起利用销售相似商标商品侵犯注册商标专用权的典型案例，

当事人销售的相似商标商品侵犯了六福集团有限公司的注册商标专用权，极大影响了消费者对商品和服务的选择，破坏了公平的市场交易秩序。该案的查处不仅让当事人，也让普通百姓知道了注册商标所有权是不可侵犯的，取得了良好的社会效果。

（编辑：张亚利）

【案情介绍】

六福集团有限公司的"六福"商标于1997年2月14日被国家工商总局商标局核准注册，核定使用商品是第14类，商标注册证为第944×××号，续展注册有限期至2027年2月13日。此后"六福"注册商标在2012年12月31日被国家工商总局商标局认定为驰名商标。

2018年3月6日，接六福集团有限公司投诉长沙市知识产权局执法人员对长沙市岳麓区某珠宝首饰店进行了现场检查，在该店发现店内装潢、货品标签、广告宣传等使用带有"六福"字样的标识。当事人使用在14类装饰品（珠宝）、贵重金属饰品等商品上的"金六福"商标，与国家工商总局商标局在2014年3月31日批复与六福集团有限公司依法在14类商品上注册的"六福"商标构成近似。2017年11月14日，国家工商总局商标局对第17381×××号"金六福"商标作出了不予注册的决定。经查明，当事人曾是香港金六福首饰有限公司的加盟店（已退出加盟），但为了照顾老客户，店内还有一部分待售产品标签标识了"金六福珠宝"字样。至执法人员查获时当事人店内装潢装饰、店堂广告、电子显示屏有6处、待销售珠宝等商品的标签有30个、包装盒有21个均标注有"金六福珠宝"字样。由于当事人是个人经营，没有建立会计账册，没有保留进货单据和销售单据，具体的经营额和利润无法计算，只能确认在2018年3月6日被长沙市知识产权局执法人员查获时，按照当事人待售珠宝标签标价计算，上述30件待售珠宝的货值共43029元。

执法人员认为，当事人未经"六福"注册商标持有人六福集团有限公司许可，在同一类（第14类）商品、店内装潢、货品标签、广告宣传上使用与"六福"注册商标相近似的"金六福"字样，其行为构成了《商标法》第五十七条第二、三项所指侵犯注册商标专用权的违法行为。

鉴于当事人认识态度较好，能积极配合调查，根据《中华人民共和国行政处罚法》第四条第二款“设定和实施行政处罚必须以事实为依据，与违法行为的事实、性质、情节以及社会危害程度相当”规定的过罚相当的原则，及《中华人民共和国行政处罚法》第二十七条第一款第四项的规定，办案机关认为可作适当从轻处罚。

依据《中华人民共和国商标法》第六十条第二款的规定，办案机关决定责令当事人立即停止侵权行为，并作出如下处罚：

（一）没收侵权的商品价格标签30个、包装盒21个；

（二）处罚款10000元，上缴国库。

（案情撰写：蔡　军　高瑞彬）

【评委点评】

长沙市知识产权局作出责令侵权方停止侵权行为并处以适当处罚的决定，有效地保护了商标所有人的合法权利，对于规范珠宝首饰类市场的经营秩序具有积极促进作用，也对商标权利人的维权具有示范性。

一、商标侵权判断

商标侵权行为，不仅损害了注册商标所有人的利益，而且也是对消费者合法权益的侵害以及对正常市场秩序的一种破坏，因此，应当予以严厉的查处。在产生商标侵权纠纷时，也应当依据相应的规定和程序来解决。根据《商标法》第五十七条第二项，未经商标注册人的许可，在同一种商品上使用与其注册商标近似的商标，或者在类似商品上使用与其注册商标相同或者近似的商标，容易导致混淆的行为，属于侵犯注册商标专用权。具体可分为以下三种表现形式：一是在同一种商品上使用与他人的注册商标近似的商标；二是在类似商品上使用与他人的注册商标相同的商标；三是在类似商品使用与他人的注册商标近似的商标。

本案主要是涉及近似商标的侵权问题。近似商标，是指对商标进行整体比较，不易辨别，使消费者产生混同的商标。本案中，涉案商品上的商标“金六福”与涉案注册商标“六福”在字形、读音上均相似，容易导致消费者对商品来源误认，属近似的商标；涉案注册商标核定使用商品与涉案商品在同一类商品、店内装潢、货品标签、广告宣传上使用基本相同，消费者难以辨认，属类似商品，因此，案中长沙市某珠宝首饰店的侵权行为属于未经商标注册人的许可，在类似商品上使用与他人的注册商标近似的商标的情况，侵犯了六福集团有限公司对其“六福”标识的注册商标专用权。

二、商标侵权处罚认定

《商标法》第六十条第二款规定：“工商行政管理部门处理时，认定侵权行为成立的，责令立即停止侵权行为，没收、销毁侵权商品和主要用于制造侵权商品、伪造注册商标标识的工具，违法经营额五万元以上的，可以处违法经营额五倍以下的罚款，没有违法经营额或者违法经营额不足五万元的，可以处二十五万元以下的罚款。对五年内实施两次以上商标侵权行为或者有其他严重情节的，应当从重处罚。销售不知道是侵犯注册商标专用权的商品，能证明该商品是自己合法取得并说明提供者的，由工商行政管理部门责令停止销售。”

本案中，六福集团有限公司的“六福”商标在2012年12月31日被国家工商总局商标局认定为驰名商标，客观上不存在长沙市岳麓区某珠宝首饰店销售不知道是侵犯注册商标专用权的商品的情况，办案机关责令当事人立即停止侵权行为，并作出没收侵权的商品价格标签30个、包装盒21个，处罚款10000元，上缴国库的决定是符合法律规定的。

（点评评委：宣增培）

案例复核：王　翀

案例 24

近似商标“七星洗护”与“七星”商标侵权纠纷调解案

◉ 推荐单位：长沙市知识产权局

【案例导读】

调解制度是指经过第三者的排解疏导、说服教育，促使发生纠纷的双方当事人依法自愿达成协议，解决纠纷的一种活动，具有自愿性、合法性。我国在依法治国的总体框架下，制定了调解制度的相关法律法规，调解制度得到了进一步完善和发展，充分地发挥了调解制度解决纠纷的独特作用，逐步形成了人民调解、司法调解、行政调解等多种方式并存的调解体系。

当代的中国自改革开放以来，进入快速发展的时代，但是由于社会各方面建设的基础较为薄弱，各种体制、利益的调整及各种思想的碰撞随着社会转型期的到来使新类型的社会矛盾和纠纷不断涌现。因此，正确认识调解的作用，并对其进行创新，充分发掘传统法文化中的本土资源，完善并进一步发挥现有调解制度的作用，有效地解决社会纠纷，缓解社会矛盾，并通过调解促进政策法令的宣传教育，对和谐社会的建设具有重大的理论意义和现实意义。

本案是一起典型商标侵权纠纷调解案，知识产权部门处理时通过与当事人双方沟通，双方一致同意调解，最终达成对“七星”商标进行转让的双赢结果，在减少社会矛盾的同时，也在无形中减轻了司法机关的诉讼负担，节约了诉讼成本，提高了办案效率。

（编辑：张亚利）

【案情介绍】

2017 年 5 月 11 日，长沙市工商局收到来信举报：湖南某家纺有限公司涉嫌侵犯其商标专用权，请求工商部门查处。该案由长沙市工商局移送至长沙市知识产权局处理，经初步核实，“七星洗护”商标系湖南某家纺有限公司授权某居家服务有限公司使用，当事人的行为涉嫌违反了《商标法》第五十七条第二项规定，经批准后开始立案调查。

经查明，颜某于 2007 年 2 月 21 日注册“七星”商标（商标注册证号：4010×××号），核定使用范围第 37 类“烫衣服；服装翻新；皮革保养；清洗和修补；清洗衣服；修补服装（织补）；干洗（截止）”。湖南某家纺有限有限公司于 2017 年 6 月 7 日注册“七星洗护”文字商标（商标注册证号：19111×××号）核定使用范围第 3 类“家具或地板抛光剂（截止）”，其授权某居家服务有限公司使用商标进行洗护服务的行为，超出其核定范围使用商标。

“七星”商标与“七星洗护”商标均使用于清洗、干洗服务中。“七星洗护”商标，其中的“洗护”二字易与申请人从事的清洗服务行业相联系，构成《最高人民法院关于审理商标民事纠纷案件适用法律若干问题的解释》第十一条第二款规定的“类似服务”。七星洗护”商标用在洗护行业时，其中的文字“七星”为最具显著性的部分，其与权利商标“七星”文字内容、读音一致，足以引起相关公众混淆。

知识产权部门经审查后，认定当事人的行为未经商标权人的许可，擅自在洗护服务中使用与“七星”商标近似的“七星洗护”商标，容易导致消费者混淆，属于《商标法》禁止的商标侵权行为。据此，组织双方当事人进行调解，最终商定以双方认可的合理价格由商标权人颜某将“七星”商标转让给湖南某家纺有限公司。

商标权人以他人超出核定商品的范围或者以改变显著特征、拆分、组合等方式使用的注册商标，与其注册商标相同或者近似为由提起行政查处的，行政机构应当调查处理。

知识产权部门处理时，认为“七星洗护”商标当事人超出核定商品的范围使用，且与在先注册“七星”商标近似，涉嫌侵权行为，通过与当事人双方沟通，双方一致同意调解，并就“七星”商标进行转让。

（案情撰写：李朝晖　蔡　杨）

【评委点评】

一、商标侵权维权方式

商标是商品的生产者、经营者在其生产、制造、加工、拣选或者经销的商品上或者服务的提供者在其提供的服务上采用的，用于区别商品或服务来源的，由文字、图形、字母、数字、三维标志、声音、颜色组合，或上述要素的组合，具有显著特征的标志，是现代经济的产物。经国家商标局核准注册的商标为注册商标，商标注册人享受商标专用权，受法律保护。

当商标被侵权时，可以通过以下方式进行维权：

1. 当事人协商。根据《商标法》第六十条第一款规定，侵权人侵犯商标所有权人的注册商标专用权的，当事人之间可以就因此引起的纠纷进行协商解决，商标所有权人可以要求侵权人立即停止侵权行为、销毁侵权商标标识等。

2. 工商投诉、举报。根据《商标法》第六十条第二款规定，当与商标侵权人就商标侵权纠纷不能通过协商解决时，商标所有权人可以通过前期收集的商标侵权人侵权行为的证据材料向相关工商主管部门进行投诉或举报，工商部门处理时，若认定侵权行为成立的，可以责令立即停止侵权行为，没收、销毁侵权商品和主要用于制造侵权商品、伪造注册商标标识的工具，对违法经营额五万元以上的，可以处违法经营额五倍以下的罚款，没收违法经营额或违法经营额不足五万元的，可以处二十五万元以下的罚款。

3. 法院诉讼。根据《商标法》第六十条之规定，当商标所有权人经过与商标侵权人协商或通过向工投诉举报仍不能解决商标侵权纠纷的，此时作为商标所有权人可以采取将争议提交给法院诉讼解决，并提请诸如停止侵权行为、赔偿经济损失、登报道歉及消除影响等诉求。

以上三种方式中，侵权人与被侵权人协商解决，是纠纷产生时解决矛盾的一种重要方式，这主要也是由纠纷的基本性质决定的。

二、当事人协商解决侵权纠纷的具体方式

通过协商解决纠纷的具体方式有以下几种：（1）通过协商达成立即停止使用的协议；（2）通过协商达成赔偿的协议；（3）通过协商达成赔礼道歉的协议；（4）通过协商达成转让协议，这种协议完全是民事契约的性质，协议内容可以是单项，也可以是多项。

本案就是一起典型商标侵权纠纷通过当事人协商解决的案件。经知识产权部门审查后，湖南某家纺有限公司未经商标权人的许可，擅自在洗护服务中使用与“七星”商标近似的“七星洗护”商标，容易导致消费者混淆，属于《商标法》第五十七条第二项，未经商标注册人的许可，在同一种商品上使用与其注册商标近似的商标，或者在类似商品上使用与其注册商标相同或者近似的商标，容易导致混淆的，侵犯注册商标专用权的行为。工商部门在双方当事人进行调解的过程中，决定以商标转让的形式进行调解。但双方围绕商标转让金额争执不下，办案人员通过与双方多次沟通，最终以双方认可的合理价格转让该商标，对商标侵权纠纷的案件起到了积极的示范性作用，具有广泛的社会效应。

（点评评委：龙建伟）

案例复核：王　翀

案例 25

长沙市雨花区某床上用品商行侵犯“南方寝饰及图”注册商标专用权案

◉ 推荐单位：长沙市知识产权局

【案例导读】

随着经济的迅速发展，市场竞争日趋激烈。保护商标专用权已成为人们生活、企业生产、社会活动中热门的话题。商标专用权是法律赋予商标所有人的一项民事权利，保护商标专用权就是维护社会主义的民主与法制。只有严厉制裁商标侵权、假冒行为，有效地保护商标专用权，才能维护广大人民群众的合法权益，捍卫商标法律制度的尊严。目前，迫在眉睫的任务是，要针对保护商标专用权中所存在的问题，加大行政与司法保护的力度、提高商标注册人的自我保护意识、增强社会保护责任的正确策略。

在市场经营过程中，不少商家热衷于选择销售品牌商品，但往往未向品牌的专门授权商购买货品，而是较为随意地选择进货商。这就容易给商家的经营带来风险，如在本案中长沙市某床上用品商行以明显低于市场的价格从流动销售人员购得疑似南方寝饰科技有限公司制作的标注了“南方寝饰”及图形商标的系列床上用品。案中南方寝饰科技有限公司持有的第1468×××号注册商标“”与第12028×××号注册商标“”经过长期的经营使用具有较高的市场知名度，该公司拥有该商标的商标专用权，且行使了这种权利。因而，保护它的合法权益，也对企业维护商标专用权起到了示范作用。

（编辑：张亚利）

【案情介绍】

2018年3月15日，长沙市知识产权局执法检查人员根据南方寝饰科技有限公司投诉，对位于长沙市雨花区长沙市某床上用品商行进行现场检查，在当事人经营场所内发现有涉嫌假冒“南方寝饰”及图形商标的纯棉四件套、婚庆十件套、水洗棉被、中档提花四件套系列床上用品一批。3月19日，该局以涉嫌销售侵犯注册商标专用权的商品，对当事人立案调查。

经查明，当事人于2018年1月以明显低于市场的价格从流动销售人员处购进涉案商品纯棉四件套（200mm×230mm）30套，婚庆大套件（180mm×200mm）8套，水洗棉被（200mm×230mm）5床，中档提花四件套（200mm×230mm）5套，根据其对外销售价格，上述床上用品货值总价21804元。上述商品均标注“南方寝饰”及其图形商标，经第1468×××号注册商标“”与第12028×××号注册商标“”的注册人南方寝饰科技有限公司的工作人员辨认并出具书面意见，证明不属于其公司生产或授权生产的产品。当事人曾经是“南方寝饰”品牌系列床上用品的代理商，应当具备真伪鉴别能力，且其不能提供进货发票、供货清单、收款收据等有关票据，也不能提供供货人营业执照等有关证照，不能说明该批床上用品的具体提供者，因此不能证明该批床上用品属于合法取得。

综上，长沙市知识产权局责令当事人立即停止侵权行为，并作出如下处罚：没收扣押的假冒“ ”及其“ ”注册商标的纯棉四件套（200mm×230mm）24 套、婚庆大套件（180mm×200mm）7 套、水洗棉被（200mm×230mm）4 床、中档提花四件套（200mm×230mm）4 套；处罚款 16000 元，上缴国库。

（案情撰写：成友良　孔　清）

【评委点评】

一、商标侵权判断

根据《商标法》的规定，一项商标或者标志经过申请、审查、核准、公告等一系列的程序之后，商标申请人将获得注册商标专用权。行为人未经商标权人许可，在相同或类似商品上使用与其注册商标相同或近似的商标，或者其他干涉、妨碍商标权人使用其注册商标，是违反法律对于商标使用许可相关规定的一种侵权行为。

本案是一起典型家纺行业商标侵权案例，因此根据《商标法》第五十七条第一项，未经商标注册人的许可，在同一种商品上使用与其注册商标相同的商标的，属侵犯注册商标专用权。

首先，根据《商标法实施条例》第八十二条，在查处商标侵权案件过程中，工商行政管理部门可以要求权利人对涉案商品是否为权利人生产或者其许可生产的产品进行辨认。长沙市某床上用品商行在经营场所内销售侵犯注册商标专用权的商品，经过注册人南方寝饰科技有限公司的工作人员辨认并出具书面意见证明，该商品不属于其公司生产或授权生产的产品。

其次，被控侵权商品与南方寝饰科技有限公司注册商标核定使用商品类别相同，被控侵权商品所标明的商标标识和南方寝饰科技有限公司所享有的注册商标在视觉上无差别。

最后，被控侵权的长沙市某床上用品商行并没有获得涉案注册商标所有人的许可，侵犯“南方寝饰及图”注册商标专用权。

值得注意的是，“销售侵犯注册商标专用权的商品”作为一种侵犯注册商标专用权的行为被纳入法律禁止的范围是历经了几番修改的，最终于2013年《商标法》修正案确定，原因有三：第一，销售假冒注册商标商品是生产此类商品的延续，如果仅仅在生产环节上禁止和打击假冒注册商标，那么可以说法律对注册商标的保护和消费者合法权益的保障是有缺陷的；第二，销售侵犯注册商标专用权商品的行为存在故意和过失两种主观状态，如果仅将“明知”作为法律禁止的对象，是对销售注册商标专用权商品的行为人侵权行为的一种纵容，行为人均会以“不知”作为规避法律责任承担的借口，不利于对注册商标的保护；第三，对销售侵犯注册商标专用权的商品的行为不区分“明知”和“不知”，并不等于没有对二者的责任承担作出区分。根据《商标法》第六十四条第二款，销售不知道是侵犯注册商标专用权的商品，能证明该商品是自己合法取得并说明提供者的，不承担赔偿责任。《商标法》第六十七条第三款，销售明知是假冒注册商标的商品，构成犯罪的，除赔偿被侵权人的损失外，依法追究刑事责任。

本案中，长沙市某床上用品商行销售的被控侵权商品确属侵犯他人注册商标专用权的商品，并且其无法提供相应的证据证明其主观上是“不知”，亦无法证明这些商品是其合法取得并说明提供者。因此，长沙市某床上用品商行应承担诉讼法上举证不能的法律后果，承担相应的赔偿。

二、商标侵权处罚认定

根据《商标法》第六十条第二款，工商行政管理部门处理时，认定侵权行为成立的，责令立即停止侵权行为，没收、销毁侵权商品和主要用于制造侵权商品、伪造注册商标标识的工具，违法经营额五万元以上的，可以处违法经营额五倍以下的罚款，没有违法经营额或者违法经营额不足五万元的，可以处二十五万元以下的罚款。对五年内实施两次以上商标侵权行为或者有其他严重情节的，应当从重处罚。

长沙市知识产权局作出责令当事人立即停止侵权行为，没收扣押的假冒“”及其“”注册商标的纯棉四件套（200mm×230mm）24 套、婚庆大套件（180mm×200mm）7 套、水洗棉被（200mm×230mm）4 床、中档提花四件套（200mm×230mm）4 套，且罚款 16000 元，上缴国库的处理决定是妥当的。

（点评评委：阳强强）

案例复核：王　翀

案例 26

制造、销售“福湘建森”商标板材商标侵权纠纷案

◉ 推荐单位：长沙市知识产权保护协会

【案例导读】

本案是一起典型的“傍名牌”商标侵权案件，本案的特殊性在于被诉侵权标识“福湘建森”为注册商标。被告李某在明知“福湘”品牌具有较高知名度的情况下，仍然申请注册“福湘建森”商标，主观恶意明显。福湘公司在向商标评审委员会提起无效宣告申请的同时，向人民法院提起了商标侵权之诉，在行政、司法保护双管齐下的情况下，有力地打击了侵权人的嚣张气焰，保护了权利人的合法权益，同时对于建材市场的良性竞争秩序起到了积极促进作用。

依照《商标法》第四十四条，第四十五条的规定宣告无效的注册商标，由商标局予以公告，该注册商标专用权视为自始即不存在。

未经商标注册人的许可，在同一种商品上使用与其注册商标近似的商

标，以及销售侵犯注册商标专用权的商品的，均属于侵犯注册商标专用权的行为。

侵犯商标专用权的赔偿数额，按照权利人因被侵权所受到的实际损失确定；实际损失难以确定的，可以按照侵权人因侵权所获得的利益确定；权利人的损失或者侵权人获得的利益难以确定的，参照该商标许可使用费的倍数合理确定。权利人因被侵权所受到的实际损失，侵权人因侵权所获得的利益，注册商标许可使用费难以确定的，由人民法院根据侵权行为的情节判决给予三百万元以下的赔偿。

（编辑：刘文献）

【案情介绍】

湘阴县福湘木业有限责任公司于 2002 年经国家工商行政管理总局核准注册了第 1927×××号“”商标，核准使用商品范围包括第 19 类胶合板。后湘阴县福湘木业有限责任公司经核准变更为湖南福湘木业有限责任公司（以下简称“福湘公司”），2006 年 10 月 12 日，“”商标被认定为“中国驰名商标”。后福湘公司于 2005 年、2012 年、2015 年分别申请注册了“福湘”“”“”商标，现均在有效期内。福湘公司的上述四枚注册商标经过长期使用，在胶合板市场具有很高的知名度和美誉度。

2016 年 9 月 7 日，福湘公司授权委托人与湖南省长沙市麓山公证处两名公证员共同在永州市冷水滩区某装饰建材店（以下简称“某装饰建材店”）购买了包括大芯板、生态板、生态背板在内的若干建材产品，所有板材上均标注有“”“福湘建森”标识及“出品商：长沙市某建材有限责任公司”字样。同时，第 9651×××号“福湘建森”商标注册人为长沙市某建材有限责任公司（以下简称“长沙某公司”）的法定代表人李某，核定使用商品包括胶合板。据此，福湘公司将某装饰建材店、长沙某公司、李某诉至法院，请求判令各被告停止侵权、赔偿损失、消除影响及承担合理费用。

庭审过程的争议焦点为：(1) 被诉的商标侵权行为是否成立；(2) 责任如何承担。依据《商标法》第四十七条第一、第二款，第五十七条第二项、第三项，第六十三条第一款、第三款，法院经审理认为，李某的第9651×××号“福湘建森”商标已被商标评审委员会宣告无效，故不影响判定该标识的侵权。被控侵权标识“ ”“福湘建森”使用的商品与福湘公司的上述四枚权利商标核定使用的商品“胶合板”相同，商标标识近似，易使相关公众对商品的来源产生混淆和误认，属于《商标法》第五十七条第二款、第三款规定的侵犯福湘公司注册商标专用权的情形。第9651×××号“福湘建森”商标被商标评审委员会宣告无效，其商标专用权视为自始即不存在。李某将侵权标识许可给某装饰建材店使用，某装饰建材店亦实际使用了侵权标识，因此某装饰建材店与李某共同实施了侵犯福湘公司注册商标专用权的行为，二者应当承担连带责任。同时，综合福湘公司支付维权开支，某装饰建材店制造、销售了被控侵权产品，李某系“福湘建森”标识的许可方，“福湘建森”商标被宣告无效，福湘公司四枚权利商标的知名度等因素，酌情判定某装饰建材店和李某共同赔偿福湘公司经济损失20万元。

（案情撰写：蔡　晓）

【评委点评】

一、注册商标侵权问题

注册商标得到了商标局的确认，是否就具有侵权豁免的特权了呢？答案是即使是注册商标也不能与他人的商标相似或相近，否则，同样可能构成侵权。在现实中，许多企业、个人对他人注册商标，尤其是驰名注册商标进行模仿，在进行一定的变造后向商标局另行申请注册商标。一般情况下，商标局会将大量近似的申请商标排除在登记受理之外，但仍有漏网之鱼，仍会有数量巨大的注册商标与他人的注册商标构成近似。原注册商标权利人有两种途径保护自身的商标专用权，一是通过行政诉讼的方式，向北京知识产权法院提起行政诉讼，要求撤销商标局所授予的商标证书、宣告近似的注册商标无效；二是对侵犯其商标专用权的行为直接提起侵权之诉，要求侵权人赔偿经济损失。在实践中，很多企业认为自己的商标也是商标局所授予的，其可以任意使用在自己生产的商品销售过程中，而对注册商标构成侵权的法律原理并不理解。实际上，我国《商标法》第五十七条第二款在认定商标侵权时并没有否定注册商标不侵权，只要是近似商标，无论是注册商标还是未注册商标均构成侵权。本案的典型意义在于注册商标侵权问题，在实践中值得企业多加思考，防止企业陷入“注册商标不侵权”的误区。

二、关于赔偿金额问题

由于我国公司会计制度欠缺、民事侵权中原告的调查取证能力的限制，原告如何证明侵权方的盈利金额非常困难。也由于市场的复杂性，原告欲证明因被告侵权与自身所受到的经济损失之间的因果关系也是非常困难的。在司法实践中，我国法院对知识产权案件赔偿金额的认定90%以上的案件是法官行使自由裁量权，酌情认定赔偿金额。本案中，法官酌情认定的金额为20万元，其赔偿金额相对较低。这也我国法院普遍的做法，法官对知识产权侵权案件在酌情认定时普遍地选择较低的赔偿金额，极大降低了侵权人的违法成本，挫败了知识产权所有人保护权利的积极性——其赔偿金额甚至不足以支付律师费，因此，我们有必要在酌情认定赔偿金额时适当提高赔偿金额的最低标准，以更积极的态度体现司法机关保护知识产权的价值取向。最新修改的《商标法》第六十三条规定，人民法院可以酌定判决500万以下的赔偿金额，极大地提高了酌情判定的最高标准标准，因而人民法院在司法过程中，可以按照《商标法》的立法精神，在具体的个案中，适当提高个案的赔偿金额。

本案在上诉过程中，最终判决结果尚未有定论，以上评委观点纯属个人观点，仅供理论探讨。

（点评评委：肖冬梅）

案例复核：王　翀

案例 27

龚某、宋某生产、销售假冒“五粮液”“贵州茅台”等注册商标的高档白酒案

◉ 推荐单位：湖南省长沙市人民检察院

【案例导读】

“五粮液”“剑南春”“贵州茅台”“水井坊”等均为我国知名高档白酒品牌，在消费者中具有较高认知度，近年来，市场上假冒该类高档白酒的案件层出不穷，极大地侵害了上述白酒商标专用权人的商标权和广大消费者的合法权益。检察机关对该类案件采取提前介入、引导侦查，对涉嫌犯罪的行为人依法提起公诉，在量刑建议中除自由刑外还加大财产刑的比重，请求人民法院对被告人判处高额罚金，有力地震慑了制作假酒类犯罪，净化了高档白酒市场，维护了国内白酒商标专用权人的合法权益。

未经注册商标所有人许可，在同一种商品上使用与其注册商标相同的商标，情节特别严重的，依据《中华人民共和国刑法》第二百一十三条之规定，应当以假冒注册商标罪追究刑事责任。

明知他人实施侵犯知识产权犯罪，而为其提供生产、制造侵权产品的主要原材料、辅助材料、半成品、包装材料、机械设备、标签标识、生产技术、配方等帮助，或者提供互联网接入、服务器、网络存储空间、通信传输通道、代收费、费用结算等服务的，以侵犯知识产权犯罪的共犯论处。

（编辑：刘文献）

【案情介绍】

商标第 13878×××号“五粮液”、第 1047×××号“剑南春”、第 3159×××号“贵州茅台”、第 1719×××号“国窖”、第 6384×××号“酒鬼”、第 7886×××号“水井坊”均为经中华人民共和国原国家工商行政管理总局商标局核准注册的商标，均在注册商标有效期内。

2016 年上半年，龚某在长沙市高桥大市场做生意期间结识了江西人章某，章某向龚某提出一起从事假冒高档白酒的生产和销售，龚某表示同意后两人随即开始合作。具体模式为：龚某首先从长沙市内各酒店及其堂妹龚某等人处购进大量茅台、剑南春、五粮液、水井坊、酒鬼酒等名酒的空酒瓶，再从一温州籍男子处购进上述名酒的假冒注册商标、标识、包装等材料，然后在长沙高桥大市场等地购进茅台王子酒、金六福等低档白酒准备用于灌装。尔后，龚某在其租住的长沙县榔梨镇梅托村一民房内组织其家人开始制作假冒高档白酒，其中龚某的妻子宋某负责将低档白酒灌入高档白酒的酒瓶、粘贴假冒的注册商标、标识并重新包装，帮龚某记账和发货；龚某的岳母黄某、岳父宋某、堂姐龚某则负责清洗酒瓶以及将低档白酒灌入高档白酒的酒瓶并协助搬运货物。制作完成后，龚某自己或者安排宋某通过延森物流等物流公司将假冒高档白酒发货给章某，章某则通过被告人龚某的中国工商银行账户、中国农业银行账户将相应货款转账支付给龚某。2016 年上半年至 2017 年年初，龚某通过上述方式向章某销售假冒高档白酒共计 79 万余元。

2018 年 3 月 26 日，长沙市人民检察院知识产权检察局以假冒注册商标罪将龚某、宋某向长沙县人民法院提起公诉。经公开开庭审理，依据

《中华人民共和国刑法》第二百一十三条，《最高人民法院、最高人民检察院关于办理侵犯知识产权刑事案件具体应用法律若干问题的解释》第一条第二项、第十二条，最高人民法院、最高人民检察院、公安部《关于办理侵犯知识产权刑事案件适用法律若干问题的意见》第十五条的相关规定，长沙县人民法院于2018年4月17日以假冒注册商标罪判处龚某有期徒刑三年两个月，并处罚金四十万元；以假冒注册商标罪判处宋某有期徒刑两年，缓刑两年，并处罚金四十万元。

（案情撰写：胡勇超）

【评委点评】

一、关于家庭团伙犯罪问题

本案中的主犯为龚某与其妻子宋某，另有龚某岳父、岳母的参与，是非常典型的家庭团伙犯罪。这种犯罪使司法机关在办案过程中遇到两难的境地——严格司法可能使整个犯罪家庭“全军覆灭”，而柔性执法又可能会有放纵犯罪之嫌。另外，家庭犯罪中存在相互包庇、口供不实的情况，此类刑事办案过程中司法机关对书证、物证的搜集尤为重要。

二、名牌假酒的危害性问题

对白酒生产商著名商标的侵犯一直是在我国存在的典型犯罪形式，其侵犯的客体是多重的，包括侵害白酒生产商的驰名商标、人民群众的生命健康、国家对产品质量保护的经济秩序，既侵犯了个别厂家的私人利益，也侵犯了国家社会的整体经济秩序与利益；既危及人民群众的生命健康权，又损害他人经济利益。本案中对生产假酒犯罪的打击有利于维护私人与社会整体的合法权益，具有重要的社会意义。

三、网络背景下的共同犯罪问题

当前是网络时代，不幸的是网络时代也被犯罪分子充分利用，他们通过网络渠道购买、销售违法商品来达到违法犯罪的目的，给司法机关办案带来麻烦——涉及跨地域犯罪取证难问题、管辖权的冲突问题等。司法机关在这样的背景下存在办案的取舍问题：抓大放小，打击主犯，搁置从犯，既能及时打击犯罪、震慑犯罪分子，又能按办案程序办案和能在法律规定的期限内结案，这是法治精神与司法艺术的完美结合。

四、量刑过程中犯罪成本因素

本案生产假酒的犯罪分子能牟取巨大的经济利益，而金钱的追逐是其犯罪的内在驱动力，因此，如何提高此类犯罪的违法成本，达到制止此类犯罪的一般预防的刑事目标尤为重要。本案中法院对两名犯罪被告人各并处四十万元罚金，极大地提高了其犯罪成本，有力地摧毁了其犯罪的内在动力。

（点评评委：阳强强）

案例复核：王　翀

案例 28

假冒名酒注册商标侵权案

◉ 推荐单位：湖南省长沙市公安局

【案例导读】

随着社会经济的不断发展，在激烈的经济竞争和强大的经济利益驱动下，某些不法分子投机取巧，假冒他人注册商标来谋取利益。一方面，该行为破坏了正常的商标管理秩序，侵犯了商标权人的权利，对其造成巨大损失；另一方面，假“名牌”一旦流入市场，将极大地损害消费者利益，具有较大的社会危害性。本案的侦破，有力地打击了通过假冒注册商标来牟取暴利的违法行为，既彰显了司法保障“双打”（打击侵犯知识产权和制售假冒伪劣商品）专项行动的决心和力度，又维护了白酒市场经济秩序，保护了国家知名品牌白酒的公司权益以及老百姓的身体健康权益。

基于商标侵权屡禁不止的现象，从源头上保护商标权显得尤为重要。具体要做好以下两点：

一、营造公平竞争的市场环境

企业发展需要良好的“土壤”，公平规范、竞争有序的市场环境是其健康发展的保障。因此，政府相关职能部门一方面要加大对《商标法》《反不正当竞争法》等法律法规的宣传力度，增强社会各界保护商标知识产权的意识；另一方面要强化执法，严厉打击侵犯商标权的违法行为，并将商标侵权案件的处理结果及时通过国家企业信用信息公示系统向社会公布，充分利用社会监督，对违法行为形成有效威慑。

二、加强协同监管和联合惩戒

商标侵权行为的背后往往隐藏着一条生产假冒伪劣产品、销售侵犯注册商标专用权商品的非法利益链条。要想实现对该链条的有效打击，政府相关职能部门要加强合作，开展跨部门、跨地区的联合执法行动，并对商标侵权行为和失信行为实施联合惩戒。

（编辑：田　华）

【案情介绍】

2017 年 11 月，长沙市开福区食品药品监督管理局接到群众举报称：长沙市开福区某河堤边一居民房内制造多种高档白酒，请求查处。11 月 4 日，开福区食品药品监督管理局对该地进行检查，发现共计 352 瓶假冒茅台、五粮液、剑南春、国窖、酒鬼等高档白酒产品，后对现场假冒侵权商品进行扣押，对嫌疑人移送公安机关处理。经公安机关查明，2018 年 2 月，嫌疑人通过其老乡介绍和提供原材料进行灌装，再贴上高档白酒商标和包装盒，通过老乡销售到市场，从中获利 11 万元。

公安机关通过侦查，发现当事人涉嫌假冒注册商标罪，遂对当事人依法刑事拘留。

（案情撰写：肖建军）

【评委点评】

近年来，制售假冒伪劣酒类产品特别是假冒名优白酒的违法、犯罪行为十分猖獗。为了净化酒类产品市场，特别是清理整顿白酒生产、经销单位，规范酒类产品生产和流通秩序，严厉打击制售假冒伪劣酒类产品的违法、犯罪行为，在对白酒生产企业进行清理整顿的同时，对经销白酒的流通企业也要进行全面清理整顿。本案涉及酒类这一特殊食品，其经营者的监管机构及相应的监管法律规则主要有：

第一，酒类经营者的监管机构的确定。2013 年十二届全国人大一次会议批准的《国务院机构改革和职能转变方案》和《国务院办公厅关于印发国家食品药品监督管理总局主要职责内设机构和人员编制规定的通知》，(国办发〔2013〕24 号）规定食品安全监管职责由食品药品监管部门统一承担。2015 年修订的《中华人民共和国食品安全法》第一百五十三条明确规定，国务院根据实际需要可以对食品安全监督管理体制作出调整，据此由原质检，质监，工商，食药部门依据的有关食品生产经营餐饮监管的法律，依法调整至食药监部门执行，即通过国家授权和法律规定，包括酒类的食品生产经营监管由食品药品监管部门统一负责。

第二，酒类经营者监管适用的法律依据。《湖南省酒类管理条例》是湖南省第十届人民代表大会常务委员会第二十次会议通过的一部酒类管理地方法规，该条例于 2006 年 3 月 31 日湖南省人民代大表会常务委员会公告第55 号公布，自 2006 年 5 月 1 日起施行。《湖南省酒类管理条例》第十五条规定，批发商和零售经营者采购酒类时，应当向供应方索取“三证”一“书”一“单”。“三证”就是生产许可证、酒类批发许可证、产品质量检验合格证；一“书”就是经销授权书；一“单”就是《酒类流通随附单》，相当于酒的身份证，它随附于酒类流通的全过程，是实现酒类商品自出厂到销售终端全过程流通信息可追溯性（一级级追查）的重要依据和保证。建立和实施《随附单》制度，是加强酒类流通监督管理，严格规范酒类流通秩序，有效防止假冒伪劣酒类流入市场，切实维护酒类生产者、经营者和消费者的合法权益的有效手段。

根据商务部《酒类流通管理办法》规定，酒类生产企业销售部门应纳入酒类批发经营者范围，依照该《办法》提供《随附单》，单随货走，单货相符，实现酒类商品自出厂到销售终端全过程流通信息的可追溯性，也就是索源。国家颁布这些酒类法律法规，就是为了强制要求酒类经销商在酒类经营中遵纪守法，保障消费者饮酒健康，维护人们的生命安全。

（点评评委：宣增培）

案例复核：王　翀

案例 29

销售假冒“Midea”商标商品商标侵权案

◉ 推荐单位：湖南省长沙市中级人民法院知识产权法庭

【案例导读】

本案系 起典型的“傍名牌”商标侵权案件。当前市场行为中，制造、销售假冒或仿冒注册商标的家用产品，以次充好、以假乱真的行为严重扰乱了市场秩序，既导致注册商标权人的经济损失也极易造成不良社会影响。宁乡县某净水机经营部明知广东美的生活电器制造有限公司所持有的“Midea”商标为知名电器商标，仍然销售标识为“Migea”的产品，其牟利的主观意图明显。本案的判决，有力打击了侵犯知知名家用家电、生活用品商标的违法行为，对乡镇个体经营者的依法经营提供了有力警示，同时有效衔接了知识产权行政保护与司法保护的双重保护机制，对构建打击侵犯知识产权新型机制和净化农村市场经营秩序具有积极促进作用。

法院认定，被告的销售行为符合《中华人民共和国商标法》第五十七条第三项“销售侵犯注册商标专用权的商品”的规定，构成了对广东美的生活电器制造有限公司所持有商标的侵犯。

依据《中华人民共和国商标法》第六十三条规定，侵犯商标专用权的赔偿数额，按照权利人因被侵权所受到的实际损失确定；实际损失难以确定的，可以按照侵权人因侵权所获得的利益确定；权利人的损失或者侵权人获得的利益难以确定的，参照该商标许可使用费的倍数合理确定；权利人因被侵权所受到的实际损失、侵权人因侵权所获得的利益、注册商标许可使用费难以确定的，由人民法院根据侵权行为的情节判决给予三百万元以下的赔偿。

（编辑：肖江涛）

【案情介绍】

2016年12月12日，宁乡县市场和质量监督管理局根据举报，对位于宁乡县金洲镇集市的宁乡县某净水机经营部进行了查处，扣押了前置活性炭滤芯（美的专用颗粒型）1支、PP棉滤芯（美的专用）7支、取暖器2台，现场制作并向该经营部送达了《实施行政强制措施决定书》和扣押清单。举报人员对查处现场及扣押物品拍摄了14张照片，分别清晰可见扣押的PP棉滤芯有“ ”标识、前置活性炭滤芯有“ ”标识、取暖器外包装上有“Migea”标识、取暖器上有“Migea”标识。美的集团股份有限公司经鉴定认为该批物品不是其公司生产，也不是其授权或委托生产的产品。广东美的生活电器制造有限公司将宁乡县某净水机经营部起诉至法院，请求判决停止侵权，赔偿经济损失及合理维权开支。

庭审过程的争议焦点为：（1）被诉的商标侵权行为是否成立；（2）赔偿责任如何承担。法院经审理认定，被告的销售行为构成了对广东美的生活电器制造有限公司所持有商标的侵犯。宁乡县某净水机经营部未能提供证据证明涉案商品系其合法取得，且无法说明提供者，故不符合免除赔偿责任的条件。

《中华人民共和国商标法》第六十三条规定，侵犯商标专用权的赔偿数额，按照权利人因被侵权所受到的实际损失确定；实际损失难以确定的，可以按照侵权人因侵权所获得的利益确定；权利人的损失或者侵权人获得的利益难以确定的，参照该商标许可使用费的倍数合理确定；权利人因被侵权所受到的实际损失、侵权人因侵权所获得的利益、注册商标许可使用费难以确定的，由人民法院根据侵权行为的情节判决给予三百万元以下的赔偿。

因广东美的生活电器制造有限公司并未提交宁乡县某净水机经营部在侵权期间因侵权所获得的利益以及广东美的生活电器制造有限公司在被侵权期间因被侵权所受到的损失的相关证据，本案符合法定赔偿的适用条件。一审法院综合考虑涉案注册商标的知名度和影响力和宁乡县某净水机经营部侵权的性质、过错程度、经营规模、经营地址及经营时间、原告美的公司为维权所支付的合理费用等因素，酌情确定赔偿数额为 15000 元（含合理维权费用）。

（案情撰写：何　鑫）

【评委点评】

第一，在原告确实无法提供被控侵权实物，且被告不认可其销售了被控侵权产品的情况下，如何识别注册商标侵权问题？对于这种情况法院惯常做法是直接将注册商标与工商行政管理机关认可、由举报人员对工商行政现场执法拍摄的被控侵权产品照片作为比对对象，将隔离比对的结果作为认定是否构成商标侵权的依据。在实践中，由于缺乏管理经验的乡镇个体户、流动摊贩成了制假、售假不法商人的直接帮助者，增大了商标持有人取证的难度，同时也相应地增加了权利人维权的成本。在这一困境之下，法院将行政保护手段与司法保护手段相结合，在权利人取证难的情况下，主动将行政部门取得的证据作为对权利人维权有利的证据，从而更有效地识别"傍名牌"的商标侵权行为。本案中所体现出来的典型意义，值得我们在司法实践中学习与借鉴。

第二，关于商标侵权行为损害赔偿金额的确定。如前所述，由于城乡家电市场的不确定性，决定了各种商标侵权行为的复杂性，商标权利人的调查取证能力受到客观因素的限制，原告如何证明被告商标侵权行为的具体盈利金额，以及商标侵权行为与权利人经济损失的因果联系亦是困难重重。《中华人民共和国商标法》第六十三条规定，权利人因被侵权所受到的实际损失、侵权人因侵权所获得的利益难以确定的，由人民法院根据侵权行为的情节判决给予三百万元以下的赔偿。实际上给予了法官一定的自由裁量权。本案中法官酌情判定赔偿数额为15000元，其中还包含了合理维权费用，赔偿金额相对其他类型的侵权案件处于较低水平。这一定程度上也反映出目前我国法院在处理知识产权案件的惯常做法，在酌情认定赔偿金额的情况下，一般会选择较低的数额。如此，法院的判罚可能造成一定的消极后果：对商标侵权人而言，实际上从侧面降低了商标侵权行为的违法成本，削弱法律的惩戒作用；对商标持有的权利人而言，通过知识产权诉讼获得微乎其微的赔偿金额，可能会挫伤权利人对类似知识产权保护的积极性；对法制社会而言，不能最大限度发挥法律的惩戒和警示作用，不利于构建健康的知识产权保护机制。在今后的司法实践中，法院应酌情提高知识产权侵权行为损害赔偿金额的最低标准，向社会展示更坚定的打击知识产权侵权、维护权利人合法权益的决心，传递更积极的保护知识产权的法制价值取向。

（点评评委：杜钢建）

案例复核：王　翀

案例 30

侵犯“狂野水世界”商标、不正当竞争纠纷案

◉ 推荐单位：长沙市知识产权法庭

【案例导读】

本案系典型的侵犯商标权、不正当竞争纠纷案件，原告 Village Roadshow Theme Parks Pty Ltd（乡村巡演主题公园有限公司）在全世界具有良好声誉和口碑，是主题公园经营和创新的全球领跑者。被告浏阳市某公司未经原告许可使用原告注册商标，且利用其影响力做了虚假宣传，主观恶意明显。

法院认定被告利用“狂野水世界”商标的宣传行为符合《中华人民共和国商标法》第五十七条规定的侵犯注册商标专用权，构成了对乡村巡演主题公园有限公司所持有商标的侵犯。同时符合《中华人民共和国商标法》第五十八条以及《中华人民共和国反不正当竞争法》第八条规定的不正当竞争行为构成要件。

依据《中华人民共和国商标法》第六十三条规定，权利人的损失或者

侵权人获得的利益难以确定的，参照该商标许可使用费的倍数合理确定；权利人因被侵权所受到的实际损失、侵权人因侵权所获得的利益、注册商标许可使用费难以确定的，由人民法院根据侵权行为的情节判决给予三百万元以下的赔偿。

（编辑：肖江涛）

【案情介绍】

Village Roadshow Theme Parks Pty Ltd（乡村巡演主题公园有限公司）于2015年9月14日取得第14911×××号“狂野水世界”和第14911×××号“Wet‘n’Wild狂野水世界”注册商标专用权，核定使用于第41类商品/服务项目。浏阳市某公司未经原告许可，在其公园门口处、客户服务中心、公园内部、网站上等多处使用“狂野水世界”“大围山狂野水世界”等商标，违反了《商标法》第五十七条的规定，构成对原告注册商标专用权的侵犯。另外，被告成立时间晚于原告涉案商标注册时间，且字号中包含原告注册商标，违反《商标法》第五十八条的规定，构成不正当竞争。据此，原告为维护自己的合法权益，特向法院起诉。

本案的主要争议焦点在于：浏阳市某公司使用涉案商标的行为是否属于侵犯Village Roadshow Theme Parks Pty Ltd（乡村巡演主题公园有限公司）注册商标的行为以及浏阳市某公司的宣传行为是否构成不正当竞争行为。法院认为，本案中被告游乐园中使用的“大围山狂野水世界”标识，与原告第14911×××号商标相比较，“狂野水世界”五字是被控侵权标识“大围山狂野水世界”的主体，因此被控标识“大围山狂野水世界”在隔离比对的情况下与第14911×××号商标标识构成近似；被告游乐园中使用的“大围山狂野水世界”标识，与原告的第14911×××号商标相比较，“狂野水世界”五字是被控侵权标识“大围山狂野水世界”的主体，与该商标的中文部分“狂野水世界”文字相同，虽无英文字母组合，但足以误导一般消费者，容易产生混淆，因此该枚标识与第14911×××号商标标识也构成近似。综上，鉴于涉案商标在游乐园商品类别中具有较高的知名度，因此在隔离比对的情况下，以相关公众的一般注意力，在其经营的游乐园多处突出使用上述标识组合的情况下，足以误导消费者认为与本案原告巡演公司存在某种联系，从而引起混淆。故法院认定被告的行为属于侵犯原告第14911×××号、第14911×××号商标专用权的行为。

本案中，原告在世界多地开办了“狂野水世界”水上主题公园，其中澳大利亚昆士兰州黄金海岸“狂野水世界”水上主题公园已有20余年；在我国海口建设有“狂野水世界”水上主题公园，该主题公园具有良好声誉和一定知名度。被告作为一家水上乐园公司，不可能不知道原告的“狂野水世界”主题公园。被告在其网站上宣传“大围山狂野水世界是独具澳洲风情的水上主题公园”，在其经营场所的简介牌宣传“狂野水世界独具澳洲狂野风情”；在其经营场所的横幅上宣传“源自澳洲的顶级乐园”，明显做了虚假或者引人误解的商业宣传，欺骗、误导消费者，使消费者误认为被告与原告存在特定联系，符合《反不正当竞争法》第八条规定的不正当竞争行为。故法院认定被告的行为构成对原告的不正当竞争。

本案中，原、被告双方均未举证证明原告的实际损失、被告的侵权获利以及涉案商标许可使用费情况，因此本案赔偿数额应当由法院根据侵权行为的情节予以确定。法院综合考虑原告权利商标的知名度、侵权行为的性质、被告的经营规模、经营时间、过错程度、原告为维权支付的律师费、公证费等因素，确定赔偿数额为350000元。

（案情撰写：杨文滔）

【评委点评】

第一，本案被告浏阳市某公司未经原告许可使用原告注册商标，且利用其影响力做了虚假宣传，不仅构成了对权利人商标权的侵犯，也构成了对广大消费者利益的侵犯，同时极大地扰乱了市场秩序，对中国的国际声誉造成了负面影响。本案中原告胜诉的判决具有两方面积极的意义：一方面打击了注册商标的侵犯与不正当竞争的违法行为，规范了游乐园市场的秩序；另一方面彰显了我国保护知识产权、营造良好的知识产权环境的决心，树立了国家形象，维护了国家声誉。

第二，侵犯注册商标专用权行为与不正当竞争行为的界限如何？商标专用权侵权行为往往伴随着不正当竞争行为发生，《商标法》第五十七条第二项规定，未经商标注册人的许可，在同一种商品上使用与其注册商标近似的商标，或者在类似商品上使用与其注册商标相同或者近似的商标，容易导致混淆的行为属于侵犯注册商标专用权；第五十八条规定，将他人注册商标、未注册的驰名商标作为企业名称中的字号使用，误导公众，构成不正当竞争行为的，依照《反不正当竞争法》处理。《反不正当竞争法》第八条规定，经营者不得对其商品的性能、功能、质量、销售状况、用户评价、曾获荣誉等作虚假或者引人误解的商业宣传，欺骗、误导消费者。法院认定本案被告浏阳市某公司在明知道原告乡村巡演主题公园有限公司在世界范围内的知名度，仍然在自己的品牌中未经授权使用了该商标，并利用其影响力进行了虚假宣传以谋取经济利益。因此，法院认定该行为构成了注册商标专用权侵权与不正当竞争行为。本案的判决对于在知识产权侵权案件中，识别侵犯注册商标专用权行为与不正当竞争行为的界限有典型的指导意义。

（点评评委：熊　焰）

案例复核：王　翀